如何建设世界重要人才中心和创新高地

任初轩 —— 编

人民日报出版社
北京

图书在版编目（CIP）数据

如何建设世界重要人才中心和创新高地 / 任初轩编 . — 北京：人民日报出版社，2022.4

ISBN 978-7-5115-7310-0

Ⅰ . ①如… Ⅱ . ①任… Ⅲ . ①人才－发展战略－研究－中国 Ⅳ . ① C964.2

中国版本图书馆 CIP 数据核字（2022）第 047297 号

书　　　名：	如何建设世界重要人才中心和创新高地
	RUHE JIANSHE SHIJIE ZHONGYAO RENCAI ZHONGXIN HE CHUANGXIN GAODI
作　　　者：	任初轩
出　版　人：	刘华新
策　划　人：	欧阳辉
责任编辑：	曹　腾　朱小玲
版式设计：	九章文化
出版发行：	人民日报出版社
社　　　址：	北京金台西路 2 号
邮政编码：	100733
发行热线：	（010）65369527　65369512　65369509
邮购热线：	（010）65369530　65363527
编辑热线：	（010）65369523
网　　　址：	www.peopledailypress.com
经　　　销：	新华书店
印　　　刷：	大厂回族自治县彩虹印刷有限公司
法律顾问：	北京科宇律师事务所　010-83622312
开　　　本：	710mm×1000mm　1/16
字　　　数：	190 千字
印　　　张：	14.5
版次印次：	2022 年 5 月第 1 版　2022 年 5 月第 1 次印刷
书　　　号：	ISBN 978-7-5115-7310-0
定　　　价：	48.00 元

目　录

聚天下英才而用之
……………………………………………………… 孙庆聚 / 004

传承红色基因　培育时代新人
……………………………………………………… 邱水平 / 024

充分发挥基础研究人才培养主力军作用
……………………………………………………… 肖翠祥 / 037

为加快建设世界重要人才中心和创新高地贡献力量
……………………………………………………… 怀进鹏 / 053

建设高水平科技人才队伍
……………………………………………………… 侯建国 / 070

高校要成为人才高地和创新高地
………………………………………… 陈　旭　邱　勇 / 088

坚持人才引领发展的战略地位
……………………………………………………… 罗　旭 / 108

加快建设世界重要人才中心和创新高地
……………………………………………………… 吴　江 / 123

弘扬科学家精神需要持之以恒
………………………………………………… 万劲波 / 140

培育更多乡村治理优秀人才
………………………………………………… 王国斌 / 156

构建人才创新生态系统
………………………………………………… 徐　芳 / 169

做好新时代选人用人工作
………………………………………………… 李兆杰 / 186

抓好后继有人这个根本大计
………………………………………………… 韩杰才 / 207

>> 先知先觉

坚持德才兼备选贤任能

为政之要,惟在得人。新中国成立70多年来,我国干部队伍、人才队伍建设之所以取得重大成就,一个重要原因在于我国国家制度和国家治理体系始终坚持德才兼备、选贤任能。新的征程上,要充分发挥制度优势,坚持德才兼备、选贤任能,培养选拔更多党和人民需要的优秀干部和人才。

坚持德才兼备、选贤任能是中国共产党一以贯之的用人思想。"才者,德之资也;德者,才之帅也。"坚持德才兼备,要求广大干部既具有良好品德又具备出色才干,二者辩证统一、缺一不可。当今,德才兼备主要表现为信念坚定、为民服务、勤政务实、敢于担当、清正廉洁。只有坚持德才兼备,干部队伍才能经受住各种考验、战胜各种艰难险阻。党的干部总是与党的事业紧密联系在一起,伟大事业需要高素质干部。强调选贤任能，内在要求贯彻落实好新时代党的组织路线，坚持从党和人民事业需要出发选干部、用干部。选贤任能，意味着在选人用人时必须坚持五湖四海、任人唯贤，坚持事业为上、公道正派，切实把优秀人才选拔出来、任用起来。

坚持德才兼备、选贤任能，是建设高素质专业化干部队伍的根本保证，必须一以贯之坚持好。坚持德才兼备、选贤任能，一方面可以破除选人用人上的不正之风，把真正优秀的人才汇聚到干部队伍中来；另一方面能够激励干部用德才兼备标准加强自身建设，不断提升自身党性修养和能力水平。坚持德才兼备、选贤任能，需要根据新时代中国特色社会主义发展的要求不断与时俱进。比如，从"德"的角度看，党员干部必须增强"四个意识"、坚定"四个自信"、做到"两个维护"，坚持明大德、守公德、严私德。从"才"的角度看，必须把制度执行力和治理能力作为干部选拔任用、考核评价的重要依据。只有坚持与时俱进，才能更好坚持德才兼备、选贤任能。

当今世界正经历百年未有之大变局，我国正处于中华民族伟大复兴的关键时期，有效应对前进道路上的各种风险挑战，不断赢得新的伟大斗争的胜利，必须紧紧依靠干部队伍，充分调动广大干部的积极性、主动性、创造性。这对进一步坚持德才兼备、选贤任能，努力建设高素质专业化干部队伍提出了更高要求。要始终坚持党管干部原则，落实好干部标准，树立正确用人导向，打造忠诚干净担当的干部队伍。强化党组织对选人用人各个环节的领导和把关作用，严把选人用人政治关、品行关、能力关、作风关、廉洁关，把党和人民需要的好干部选拔出来。建立健全干部培育、选拔、管理、使用的制度体系，主要包括：源头培养、跟踪培养、全程培养的素质培养体系；日常考核、分类考核、近距离考核的知事识人体系；以德为先、任人唯贤、人事相宜的选拔任用体系；管思想、管工作、管作风、管纪律的从严管理体系；崇尚实干、带动担当、加油鼓劲的正向激励体系；等等。这些制度体系体现新时代党的组织路线、适应干部工作实际需要，对于建设高素质专业化干部队伍具有重大意义。

如何建设世界重要人才中心和创新高地

聚天下英才而用之

孙庆聚

"为政之要,惟在得人""育才造士,为国之本"。人才是实现民族振兴、赢得国际竞争主动的战略资源。党的十九届四中全会《中共中央关于坚持和完善中国特色社会主义制度 推进国家治理体系和治理能力现代化若干重大问题的决定》(以下简称《决定》)系统概括了我国国家制度和国家治理体系13个方面的显著优势,其中一个重要方面就是"坚持德才兼备、选贤任能,聚天下英才而用之,培养造就更多更优秀人才的显著优势"。深刻认识并准确把握这一显著优势,对于我们加快建设人才强国、不断夺取新时代中国特色社会主义新胜利具有十分重要的意义。

中国制度能够聚天下英才而用之

办好中国的事情，关键在党，关键在人，关键在人才。实现中华民族伟大复兴的中国梦，需要培养选拔千千万万高素质优秀人才。我国国家制度和国家治理体系具有坚持德才兼备、选贤任能，聚天下英才而用之，培养造就更多更优秀人才的显著优势。

形成一整套系统完备、科学规范、运行有效的人才培育、选拔、管理、使用的制度体系。育好选好管好用好人才，根本靠制度。改革开放以来特别是党的十八大以来，随着全面深化改革不断深入，具有中国特色的人才制度体系日益完善，充分体现了党管人才原则。目前，以"两个体制"（人才领导体制、人才管理体制）和"六个机制"（人才培养支持机制、人才评价机制、人才顺畅流动机制、人才创新创业激励机制、具有国际竞争力的引才用才机制、人才优先发展保障机制）等为主要内容的人才制度体系正在有序有效运转。

有效遏制吏治腐败和选人用人不正之风。吏治腐败是最大的腐败，选人用人不正之风害党祸国殃民。我们党一直高度重视惩治吏治腐败，匡正选人用人风气。特别是党的十八大以来，以习近平同志为核心的党中央坚持全面从严治党，反腐败斗争取得压倒性胜利，遏制了包括吏治腐败在内的各种腐败行为，惩治了一批腐败分子，纯洁了党和国家干部、人才队伍，优化了党内政治生态和社会生态，净化了党风、政风和社会风气。同时，健全完善一大批党内法规和国家法律，扎紧反腐败的制度笼子。这些都为人才辈出、人尽其才、才尽其用创造了有利条件。

培养造就一支规模宏大、门类齐全、素质优良的人才队伍。依靠我国国家制度和国家治理体系，经过长期努力，我国人才队伍建设取得历史性成就。党的十八大以来，我国加快从人才大国向人才强国迈进。目前，我国人才队伍从数量规模、素质质量、结构优化程度等多项指标看，都已跃居世界前列。比如，科技研发人员总量和技能劳动者总量已多年稳居世界第一，科技发明授权量保持在世界前三位。

营造有利于人才成长的良好环境。充分发挥坚持德才兼备、选贤任能，聚天下英才而用之，培养造就更多更优秀人才的显著优势，离不开有利于人才成长的良好环境。党的十八大以来，以习近平同志为核心的党中央大力推进人才制度建设，积极营造有利于人才成长的良好环境。围绕新时代如何做好人才工作、发展人才事业、建设人才强国等一系列重大问题，习近平总书记发表一系列重要论述，为新时代人才工作和人才事业发展指明了方向，为人才成长营造了良好环境。

聚天下英才而用之的意义重大

制度的生命力在于执行，制度的价值在于管用。充分发挥坚持德才兼备、选贤任能，聚天下英才而用之，培养造就更多更优秀人才的显著优势，能够为实现中华民族伟大复兴提供各方面人才保障和智力支撑。

为强党兴党提供坚实人才保障和智力支撑。东西南北中，党政军民学，党是领导一切的。党强则国强，党兴则国兴。我们党成立近百年的历史证明，能否聚天下英才为党所用，事关党的兴衰成败。我们党能够从最初只有50多名党员发展成为今天拥有9191.4万名党员、468.1万个基层组织的世界大党，就在于我们党高度重视人才、广泛吸纳人才、善于使用人才；就在于我们党能够集中中国工人阶级和中国人民、中华民族的先进分子，集中全国各领域德才兼备的优秀人才，为党的事业不懈奋斗。在我们党已经成功执政70多年的今天，面对"四大危险""四种考验"，面对世界百年未有之大变局，我们要最大程度地聚天下英才而用之，更大规模更高质量更有成效地培养一批又一批党的执政骨干人才。

为强国兴国提供坚实人才保障和智力支撑。兴治之要，惟在得人；千秋基业，人才为先。人才兴，国运昌；人才旺，国势隆。今天，我们比历史上任何时期都更接近、更有信心和能力实现中华民族伟大复兴的目标，我们也比历史上任何时期都更加需要人才、更加渴求人才。中国制度聚天下英才而用之的显著优势为满足这种需要和渴求提供了强大支撑。只要坚持好发挥好发展好这一显著优势，大批高素质优秀人才就会不断涌现。

为强军兴军提供坚实人才保障和智力支撑。人民军队是中国特色社会主义的坚强柱石，是捍卫党和国家事业的钢铁长城。全面推进国防和军队现代化，确保实现新时代强军目标，把人民军队全面建成世界一流军队，永葆人民军队性质、宗旨、本色，就要做到政治建军、改革强军、科技强军、人才强军、依法治军。强军兴军，人才是基础性决定性要素。党的十八大以来，正是因为坚持聚天下英才而用之，一大批强军兴军迫切需要的高素质优秀人才如雨后春笋般涌现，人民军队综合素质显著提升，整体实力大大增强，强军兴军迈出坚实步伐。

为我国赢得国际竞争新优势提供坚实人才保障和智力支撑。综合国力竞争归根结底是人才竞争，谁能培养吸引更多人才，谁就能在国际竞争中占据优势、赢得主动。无论是集中精力办好自己的事情，还是参与国际合作和全球治理，都要依靠大批高素质优秀人才支撑。能否始终抓住国际竞争的主动权和主导权，归根结底取决于能否抢占国际人才竞争的制高点，取决于能否拥有一支世界一流的高素质优秀人才队伍。始终坚持聚天下英才而用之，才能为我国赢得国际竞争新优势提供坚实人才保障和智力支撑。

进一步聚天下英才而用之

当今世界正经历百年未有之大变局，中华民族伟大复兴正处于关键时期。面对前进道路上的各种风险挑战，如何坚持好发挥好发展好坚持德才兼备、选贤任能，聚天下英才而用之，培养造就更多更优秀人才的显著优势，事关新时代中国特色社会主义发展。

深入学习贯彻习近平总书记关于人才工作的重要论述。习近平总书记关于人才工作的重要论述，深刻体现了对人才地位作用和人才成长发展规律的深刻把握，反映了新时代新形势新任务对人才工作的新要求，彰显了习近平总书记对人才制度建设和人才事业发展的系统思考和科学谋划，是新时代做好人才工作、发展人才事业的科学指南。充分发挥坚持德才兼备、选贤任能，聚天下英才而用之，培养造就更多更优秀人才这一显著优势，必须深入学习贯彻习近平总书记关于人才工作的重要论述，切实用以武装头脑、指导实践、推动工作。

始终坚持党管人才原则。坚持党管人才，是人才工作最根本的原则。坚持党管人才原则，首先要明确管什么、怎么管。既要靠制度管，也要靠科学的工作方式方法管。要遵循人才工作规律和人才成长规律，通过不断深化人才制度改革和工作创新，逐步健全完善人才管理制度机制，真正做到人才管理的制度化、规范化、科学化。不断改进工作方式方法，努力做到人才管理柔性化、人性化。

始终坚持尊重规律，按规律办事。人才的培育、选拔、管理、使用是一门科学，要重视规律、遵循规律、按规律办事。按规律做好人才工作、发展人才事业，主要是遵循社会主义市场经济规律和人才成长规律。社会主义市场经济规律中的价值规律、供求规律、竞争规律等，都会对人才环境的营造、人才资源的配置、人才的流动流向等发挥作用和产生影响。人才成长规律主要包括人才需要通过学习增长知识、通过培训增加技能、通过实践提升素质和本领、通过正心修身提高思想境界和道德水平等。在实际工作中，这两个规律是相互联系、共同发挥作用的，不可顾此失彼，也不能厚此薄彼。

始终坚持改革创新。人才工作开展贵在坚持改革，人才事业发展需要加强创新。只有不断深化人才制度改革，破除各种束缚、限制人才发展的体制机制障碍，人才工作才能大有作为，人才事业才能健康发展。党的十八大以来，随着全面深化改革的深入推进，"坚持德才兼备、选贤任能，聚天下英才而用之，培养造就更多更优秀人才的显著优势"日益充分地发挥出来，人才创新、创造、创业活力不断被激发出来，八方贤能、天下英才不断集聚到党和国家各项事业中来，人人皆可成才、人人尽展其才的生动局面正在形成。得人才者得天下，赢人才者赢未来。只要我们切实坚持好发挥好发展好我国国家制度和国家治理体系具有的这一显著优势，真正汇聚起千千万万、浩浩荡荡的高素质优秀人才大军，就一定能够把握当下、赢得未来。

《人民日报》(2020 年 07 月 03 日)

★ 拓展阅读

有才与用才

"时势造英雄,英雄亦能造时势",但历史上能"造时势者"实属少数,更多的时候,我们读到的是一些比较哀怨的声音。左思有"冯公岂不伟,白首不见招"的慨叹,王勃有"冯唐易老,李广难封"的感慨,苏轼更是以"持节云中,何日遣冯唐"自喻,他们借他人之酒杯,浇自己之块垒。翻开历史,如冯唐、李广身负雄才,却难遂志愿者,车载斗量,正如古人所言,"千里马常有,而伯乐不常有"。

汉文帝之时,外有匈奴侵掠边境,内有诸侯王蠢蠢欲动,加之天下初定,百废待举,正当多事之秋、用人之际。贾谊胸怀治国大略,国事应答如流,可谓满腹才华,生逢其时。然而文帝受谗言蛊惑,逐渐疏远贾谊,竟将其贬谪长沙。

李商隐独辟蹊径,选取贾谊自长沙被召回时的一幕场景,写了发人深省的《贾生》一诗:"宣室求贤访逐臣,贾生才调更无伦。可怜夜半虚前席,不问苍生问鬼神。"汉文帝举行祭祀完毕,与贾谊谈至深夜，但不是垂询治国安民之道，而是穷究鬼神之本源。李商隐《贾生》一诗，表面是慨叹贾谊不遇其主的不幸，实际却是在讽刺文帝不任贤才的愚蠢与可悲。

贾谊最后抑郁而亡。他生在国家忧患之际，本当竭力为国远虑，可惜到最后也实现不了理想抱负。汨罗江畔，贾谊表面吊屈子，内心又何尝不是饱含对文帝的失望？所以，一时代有一时代之任务，一时代有一时代之人才，但相比生逢其时，还需生逢其人。

读到此处，想到了春秋时百里奚的遭遇。百里奚出游列国求仕，历经宋、齐不用，身为虞大夫而虞国亡，后来在秦国主政，却促进了秦国的崛起。百里奚在虞而虞亡，在秦而秦霸，何也？"非愚于虞而智于秦也，用与不用，听与不听也。"司马迁一席话道出其中奥妙，人才不仅在于发现，还在于使用，而用与不用又恰在于用人者之明与不明。倘若不量材而用，视宝玉为瓦砾，人才与庸才又有什么区别？

当然，天下人才无数，而赏识者因时间、精力乃至视野所限，并非能识遍所有人才。因此，生逢其时的有才之士，不应去学姜太公钓于隐溪，而应有勇气展露才华，甚至毛遂自荐。

韩信有大将之才，跟随项梁无所知名，后跟随项羽，"数以策干项羽"，积极进言献策，亦不被采用，官职仅为郎中。后来跟随汉王，多次主动与萧何交谈，始有"萧何月下追韩信"的美谈，并获得萧何力荐。默默无闻的韩信能担任大将军之职，虽离不开萧何知人的才略、离不开汉王善任的胆识，但更离不开毛遂自荐的自信和审时度势的智慧。倘若韩信一意消沉，自己不努力争取，今天世上怕就没有几个人知道还有韩信这个将才了。

以上几人,百里奚、韩信终能施展才华,贾谊却只有怀才不遇、壮志难酬的慨叹,最终身死人灭。同样是生逢其时,却有着完全不同的人生遭遇。这里既有伯乐是否赏识的偶然性,又有自身审时度势的能动性。只有二者兼备者,才有可能得到实现人生理想的机会。

身处一个机遇与挑战并存的时代,要想致力于国家的建设,实现人生的理想抱负,不仅需要有虚怀若谷、求才若渴的"伯乐",更需要有勇于担当、积极向上的"千里马"。只有这两者能够紧密结合,才有可能做出一番事业来。

如何 建设世界重要人才中心和创新高地

★ 一线观察

北纬22°线上聆听深圳脚步

2021年新年伊始,一则"深圳官宣全球招人,快加入深圳脚步"的视频火了。

"世上本没有深圳,脚步所到之处,就有了深圳。他们披荆斩棘,在辽阔的白纸上种下理想,长出道路、奇迹和灯火辉煌。当然,也长出新的脚步。"振奋人心的解说,配合有节奏感的画面,"深圳脚步"视频展现出这座城市无与伦比的吸引力。网友们纷纷转发感慨:"新年开工的第一天,深圳就向我抛来了橄榄枝。""来了就是深圳人。""深圳,等我!"

2020年召开的深圳经济特区建立40周年庆祝大会上,习近平总书记指出,深圳要实施更加开放的人才政策,引进培养一批具有国际水平的战略科技人才、科技领军人才、青年科技人才和高水平创新团队,聚天下英才而用之。

《中共广东省委关于制定广东省国民经济和社会发展第十四个五

年规划和二〇三五年远景目标的建议》中明确提出,"支持深圳建设现代化国际化创新型城市,建设高层次国际人才集聚区,建设光明科学城、西丽湖国际科教城,强化战略性新兴产业优势。"

《中共深圳市委关于制定深圳市国民经济和社会发展第十四个五年规划和二〇三五年远景目标的建议》中,建设开放包容先行的国际人才高地的目标更加清晰。

"企鹅"和"北极熊"同时定居于此

在什么地方,南极"企鹅"和"北极熊"能和谐定居?答案是深圳。

"在这里,有北纬22°的阳光,'企鹅'和'北极熊'同时定居于此。""深圳脚步"视频里,这句话令人印象深刻。"企鹅"和"北极熊",分别是腾讯和华强方特(深圳)的吉祥物,这两家企业都是在深圳本土成长起来的成功企业。而这一"奇观",正是深圳创新创业、开放包容生态的生动体现。

"在深圳,每个人都可以在这里找到自己的舞台。"斯坦德机器人(深圳)有限公司合伙人王茂林说,"这里有非常公开、透明、公平的环境。"

深圳是改革开放后党和人民一手缔造的崭新城市,是中国特色社会主义在一张白纸上的精彩演绎。40年来,深圳实现了由一座落后的边陲小镇到具有全球影响力的国际化大都市的历史性跨越,走过了国外一些国际化大都市上百年走完的历程,创造了世界发展史上的奇迹。在快速上升的经济增速和一幢幢如雨后春笋般生长出来的高楼大厦等深圳奇迹背后，是一个个努力奋斗的深圳人。

"这是深圳第一所自带废物和污水处理装置的大楼，专门为有环评要求的科技企业打造。"在深圳龙华区银星科技园二期大楼的新材料实验室里，绚图新材科技有限公司创始人林海晖找到了他的创业热土。

对林海晖来说，这样的"硬件"支持虽然重要，但那些"软"的服务、理念、社会氛围，才是深圳独一无二之处。七年前，林海晖回国创业之时，考察了从长三角到珠三角的十几个城市，最终落户深圳，就是因为看中这里产业政策持续稳定，法治环境保障市场化机制有序运行。

同林海晖一样，在深圳这座移民城市，越来越多的科技人才、海归、院士、香港创业者……都来了。

"我和我的团队都来深圳了！"不久前，首届政务数据开放大赛冠军袁晓辉，带领团队从北京落户深圳。"政府服务非常高效，落户很顺畅！"袁晓辉期待，在深圳爱才惜才的环境下，团队有更好的发展。

2015年，看好深圳干事创业环境的香港青年企业家何耀威，带领11名香港高校教授和学生，来到位于福田区的粤港澳青年创新创业工场，创办了舒糖讯息科技（深圳）有限公司，研发血糖测试智能穿戴设备。如今，这种无创血糖监测设备正逐步投放市场。"我们获得两家上市公司注资，与湖南、海南、广西等地签订产品代理合同，目前已签订1.5万个预售订单。"何耀威说。

正如一位网友深情留言："来深第二十五个年头了，深圳是我的第二故乡。我在这里成长进步，也见证着深圳的发展和变化。欢迎来深圳，来这里一起创造更多的可能，来这里续写更多'春天的故事'。"

经济特区里有"人才特区"

1987年，任正非和5名技术人员共同出资2万元，申请创办华为技术有限责任公司。30多年光阴过去，如今华为已跻身世界500强第四十九位。

"没有政府的政策，我们不会创建华为。"华为创始人任正非说。他提到的这项政策，正是当年深圳出台的《关于鼓励科技人员兴办民间科技企业的暂行规定》。其中明确规定："科技人员可以以现金、实物及个人所拥有的专利、专有技术、商标权等工业产权作为投资入股，并分取应得的股息和红利。"受其推动，人才、技术、信息、资金在深圳加速集聚、充分涌流，各行各业的创造活力竞相进发。

充分发挥"先行先试"精神的深圳，一直在创新人才发展体制机制改革。

深圳在全国较早成立由市委书记担任组长、市长担任第一副组长的市人才工作领导小组，专设人才工作局作为市区党委工作部门，逐渐形成了党委全面领导、组织部门牵头抓总、职能部门各司其职的人才工作格局。在"党管人才"的总原则下，深圳以"闯"的精神驱动人才发展体制机制改革。40年来，深圳大力推进实施人才强市战略，不断在人才政策、服务、环境等方面加大创新力度，营造爱才尊才的良好氛围。

如何 建设世界重要人才中心和创新高地

曾经，深圳在全国率先实行劳动合同制；率先改革劳动分配制度，实行结构工资制；率先采取公开招考、公开招聘方式，面向全国选拔干部……随着公平开放的人才竞争空间的释放，1984年前后"一下子涌进20万人"，特区人才数量呈现爆发式增长，上演"孔雀东南飞"的盛景。

进入新世纪后，深圳从最初的"三来一补"劳动密集型产业，转向创新和高质量发展阶段，2002年，深圳开始实施《关于引进国内人才来深工作的若干规定》，标志引才重点转向了高层次人才。

2016年以来，深圳陆续出台实施"81条"人才新政、"十大人才工程"和《深圳经济特区人才工作条例》等，构成了深圳人才政策的"四梁八柱"；同时制定实施留学回国人员创业资助、博士后科研资助、人才安居、鹏城杰出人才奖、鹏城优才卡等一系列人才配套措施。深圳还将11月1日确定为"深圳人才日"，这是通过地方立法为人才设立专门的节日。

从人才政策到人才立法，深圳逐步建立起一个开放、包容、高效的人才政策体系。回顾经济特区的发展历程，深圳始终把人才优先发展战略作为城市核心战略，建设了识才、爱才、用才、容才、聚才的"人才特区"。

不仅如此，深圳还敞开大门，以全球视野广招国际人才。

上世纪90年代初期，深圳组织了国内首个以政府名义运作的海外招聘团，赴美国招聘境外专才，掀起了海外留学人员回国的热潮。如今，深圳设立4个海外人才联络处和7个海外创新中心，帮助企业引才和就地用才2000多人次；支持企业设立395个海外研发机构，海外人才本土化比例超过72%。深圳千里马国际猎头有限公司，是深圳人才集团旗下的高端猎头公司，专门为人才来深发展提供职业咨询。

1980年，深圳经济特区刚建立时，全市只有两名技术员：一名拖拉机维修员和一名兽医。如今，深圳科技大军人数超过200万人，高层次人才总数近1.8万人，留学回国人数超过15万人。"深爱人才，圳等您来"从一句口号变成了实实在在的行动。

建设开放包容先行的国际人才高地

在寸土寸金的深圳湾畔，坐落着一个以"人才"命名的主题公园——深圳人才公园。这是全国首个人才主题公园，表达了一座城市对人才的最高礼遇。正如美丽的深圳湾红树林湿地，为飞鸟提供了丰富的食物源和安静的栖息地一样，对人才而言，同样需要这样的"湿地环境"。

栽下梧桐树，引得凤凰来。深圳坚持人才工作的核心是站在人才视角上去考虑，而不是站在政策制定者的角度，目的是让人才能够体会到有效率、有尊严、有温度的获得感，这才是"来了就是深圳人"的城市文化。从政策引才，到环境、文化引才，深圳敞开怀抱，促进人才"宜聚""宜居"。

对于人才所关心的住房、子女教育等重点生活需求，深圳在以空前力度加大保障。

深圳投入1000亿元设立人才安居集团，专责筹集建设人才住房，已累计供应人才配租（售）房近14万套，发放住房保障货币补贴49亿元，总计保障人才及家庭成员约65万人。未来深圳住房当中近20%将是人才住房。

建立特区初期，全市没有一所高校和科研院所，到如今，深圳已建成深圳大学、南方科技大学、香港中文大学（深圳）等10所高校。未来五年，深圳将新增近百万个基础教育学位，其中义务教育学位74万个。

《中共广东省委关于制定广东省国民经济和社会发展第十四个五年规划和二〇三五年远景目标的建议》中明确提出，"支持深圳建设现代化国际化创新型城市，建设高层次国际人才集聚区，建设光明科学城、西丽湖国际科教城，强化战略性新兴产业优势。"

《中共深圳市委关于制定深圳市国民经济和社会发展第十四个五年规划和二〇三五年远景目标的建议》中，建设开放包容先行的国际人才高地的目标更加清晰。制定紧缺人才清单，靶向引进培养一批具有国际水平的战略科技人才、科技领军人才、青年科技人才和高水平创新团队，壮大工程师和高技能人才队伍；健全一流人才服务保障体系，实行更加便利的境外人才引进和出入境管理制度，完善社保、教育、医疗、居住等公共服务，着力解决国际化专业人才后顾之忧；探索实施技术移民政策，畅通海外科学家、高端创新人才来深工作通道，加快海外人才创新创业基地建设……一系列围绕人才建设的政策、活动、平台、保障措施等，彰显了深圳渴望人才、爱护人才的决心。

一份由媒体发起的"怎么看深圳"调查问卷则显示，六成以上的深圳受访者认为，未来深圳特区对于年轻人的吸引力会比过去更大。在复旦大学全球科创人才发展研究中心主任姚凯教授看来,除了近些年大力引才,深圳具有比较完善的创新创业生态环境,给予了创新思想生根发芽的土壤和空气,这对敢闯敢干的青年人才非常具有吸引力。

"深圳人的步速要比其他地方快一倍"——曾有评论这样说。继深圳速度、深圳质量后,深圳脚步成为深圳新的标签。正是人才的脚步,带动了深圳的进步。接下来,在北纬22°线上,一起聆听深圳建设国际人才高地的跫跫足音。

把党管人才落到实处

坚持党管人才是中国特色人才制度优势的集中体现。把党管人才落到实处，必须坚持党对人才工作的全面领导，树立强烈的人才意识，改进方式方法，营造有利于人才辈出、人尽其才、才尽其用的政策环境，把各方面优秀人才集聚到党和国家事业中来。

完善人才工作格局。完善党委统一领导，组织部门牵头抓总，职能部门各司其职、密切配合，社会力量广泛参与的人才工作格局，加强系统谋划、统筹协调、把关定向，引导人才为党和人民事业建功立业。

解决人才实际问题。真诚同人才交朋友，做到政治上信任、工作上支持、生活上关心，为人才发挥聪明才智创造良好条件，让人才静心做学问、搞研究，多出成果、出好成果。立足实际、突出重点,完善人才联系服务机制,帮助解决安家落户、子女教育、配偶就业、健康医疗等问题,让人才专心致志创新创造。

加大人才发展投入。增加全社会研发经费投入,增强人才自主培养能力,加强创新队伍建设,提高人才集聚水平。深化科研经费管理改革,赋予人才更大技术路线决定权、更大经费支配权、更大资源调度权,提高人才投入效益。加强和改进思想政治工作,教育引导人才牢记"国之大者",主动为国分忧、为国解难、为国尽责。

形成人才发展合力。充分发挥宣传、教育、科技等有关部门职能作用,构建科学规范、开放包容、运行高效的人才发展治理体系,共同抓好人才工作各项任务落实。优化人才表彰奖励制度,加大先进典型宣传力度,在全社会推动形成尊重人才的风尚。充分发挥用人主体在人才培养、引进、使用、评价、激励中的主导作用,努力建设一支矢志爱国奋斗、勇于创新创造的优秀人才队伍。

如何 建设世界重要人才中心和创新高地

传承红色基因　培育时代新人

邱水平

习近平总书记在中央政治局第三十一次集体学习时强调:"红色血脉是中国共产党政治本色的集中体现,是新时代中国共产党人的精神力量源泉。"回望我们党走过的百年壮阔历程,红色血脉代代相传,激励共产党人砥砺奋进。今天,党和国家事业发展对高等教育的需要、对科学知识和优秀人才的需要,比以往任何时候都更为迫切。我们要用好红色资源、传承好红色基因,全面贯彻党的教育方针,坚持社会主义办学方向,加快建设中国特色世界一流大学,培养更多一流人才。

在我们党百年的矢志奋斗中,产生了一大批革命英雄,形成一系列伟大精神,在广袤的中华大地上留下许许多多红色遗迹、革命文物等,这些都是我们学习党史的生动教材、宝贵财富。在参观"光辉伟业　红色序章——北大红楼与中国共产党早期北京革命活动主题展"时，习近平总书记指出："北大是新文化运动的中心和五四运动的策源地，最早在我国传播马克思主义思想，也是我们党在北京早期革命活动的历史见证地，在建党过程中具有重要地位。"在中国共产党的主要创始人和早期活动家中，有许多是在北大学习、工作期间开始接触并传播马克思主义的。这段光荣的红色历程，是北大深入开展党史学习教育的丰厚资源。北大将进一步挖掘红色校史资源，认真梳理学校各学科、各领域为党为国奋斗奉献的先进人物和感人事迹，用身边人、身边事教育人、感染人，让党史学习教育更加鲜活生动、深入人心。

我们要坚持办学正确政治方向，培养社会主义合格建设者和接班人。中国共产党是在马克思列宁主义同中国工人运动的紧密结合中诞生的。习近平总书记指出："中国共产党为什么能，中国特色社会主义为什么好，归根到底是因为马克思主义行！"100年来，我们党始终坚持以马克思主义为指导，把马克思主义基本原理同中国具体实际相结合、同中华优秀传统文化相结合，不断推进理论创新、进行理论创造，不断开辟马克思主义新境界，马克思主义展现出强大真理力量和实践力量。北大培养了一大批坚定信仰马克思主义、矢志为民族复兴而奋斗的人才，为新中国的建立、为改革开放和社会主义现代化建设事业作出了重要贡献。

习近平总书记强调："我国社会主义教育就是要培养社会主义建设者和接班人。马克思主义是我们立党立国的根本指导思想，也是我国大学最鲜亮的底色。"我们要把北大的光荣传统继承好、发扬好，抓好马克思主义理论教育，用习近平新时代中国特色社会主义思想这一当代中国马克思主义、21世纪马克思主义武装学生头脑，教育学生运用马克思主义立场观点方法观察世界、分析世界，从党的非凡历程中领会马克思主义是如何深刻改变中国、改变世界的，深刻感悟马克思主义真理力量和实践力量，树立共产主义远大理想和中国特色社会主义共同理想，为成长成才打下坚实思想基础。

习近平总书记指出："我们的高校是党领导下的高校，是中国特色社会主义高校。"我国高等教育要为人民服务，为我们党治国理政服务，为巩固和发展中国特色社会主义制度服务，为改革开放和社会主义现代化建设服务。我们要牢记在党的领导下北大不懈奋斗、不断取得新突破的历史进程，更加自觉地提高政治站位，不断加强党对学校的全面领导。坚持以党的政治建设为统领，推动党的各方面建设，强化党组织政治功能和组织力，为建设中国特色世界一流大学提供强有力政治保障、组织保障。夯实高校党建工作基础，增强基层党组织的创造力凝聚力战斗力，充分发挥基层党组织战斗堡垒作用和党员先锋模范作用。办好思想政治理论课，把思想政治工作贯穿教育教学全过程，提高党的基层组织做思想政治工作的能力，实现全程育人、全方位育人。

《人民日报》（2021年07月22日）

★ 拓展阅读

新时代人才工作须坚持正确政治方向

做好人才工作必须坚持正确政治方向,不断加强和改进知识分子工作,鼓励人才深怀爱国之心、砥砺报国之志,主动担负起时代赋予的使命责任。政治方向是党生存发展第一位的问题,也是人才事业发展的首要问题。坚持正确政治方向,关键是坚持党管人才、着眼服务大局、创新聚才用才良方,从而为新时代人才工作举旗定向,回答好"为谁培养人,培养什么样的人,怎样培养人"这个根本性问题。

坚持党管人才,把好人才工作的总航向。中国共产党的领导是实现中华民族伟大复兴的根本保证。新时代人才工作必须坚持党的领导和党管人才的原则,这不仅是新时代人才工作沿着正确政治方向前进的原则要求,也是我们党更好地落实全心全意为人民服务根本宗旨的必然要求。党对人才工作的领导体现在党把人才团结在党的周围,使人才能够自觉地投身到党和国家的事业当中。党对人才工作的领导，不仅是中国共产党惜才爱才的体现，也是我国走好新时代人才工作之路，实现兴才、聚才、用才的独特制度优势和重要制度保障。只有贯彻党管人才的基本方针，才能保证优秀人才更加紧密地凝聚在党的周围，致力于中华民族伟大复兴。

着眼服务大局，继承发扬优良传统。围绕中心服务大局是党的人才工作的出发点和落脚点。在人才工作中，中国共产党历来强调任人唯贤，选拔任用有道德有才能的人，大力培养业务能力强、政治素质过硬的德才兼备、又红又专的各类人才，强调"尊重知识、尊重人才"以及"首先要确立人才资源是第一资源的重要思想"，坚持人才的全面发展，提出"四有"即有理想、有道德、有文化、有纪律的人才培育标准。实践证明，办好中国的事情，关键在党，关键在人，关键在人才。

创新聚才用才良方，集聚民族复兴伟力。人才是民族复兴的中坚力量，实现伟大梦想需要人才引领，需要优秀分子担当。国家发展靠人才，民族振兴靠人才。新时代人才工作既要进一步创新聚才用才的方法和举措，把党内外和国内外各方面优秀人才集聚到党和人民的伟大奋斗中来，让各类人才尽展其才，也要营造人才辈出的良好环境，加大先进典型宣传力度，在全社会推动形成尊重人才的风尚，最大限度地把各类人才的报国情怀、奋斗精神、创造活力激发出来，努力开创人人渴望成才、人人努力成才、人人皆可成才、人人尽展其才的生动局面，加快建设世界重要人才中心和创新高地，为建设社会主义现代化强国提供有力的人才支撑。

集聚人才是中华民族伟大复兴的战略要求。面对新形势、新任务、新挑战，我们必须充分认识到人才工作的重要性，将正确的政治方向作为人才工作的首要前提和根本遵循，努力开创党的人才工作新局面。

如何 建设世界重要人才中心和创新高地

★ 一线观察

传承红色基因　坚持铸魂育人

红色是中国共产党、中华人民共和国最鲜亮的底色。新的征程上，要大力弘扬伟大建党精神，传承红色基因，坚持铸魂育人，培养担当民族复兴大任的时代新人，让党和国家事业后继有人、薪火相传。

红色基因就是要传承。中国共产党自成立之日起就把马克思主义写在自己的旗帜上，赋予中国共产党人崇高的社会理想和价值追求。红色基因融入中国共产党人的精神血脉，代代相传，成为我们党战胜一切强敌、克服一切困难、夺取一切胜利的精神力量源泉。北京教育界具有传承红色基因的光荣传统，坚持用党的创新理论铸魂育人，在党的历史上发挥了重要作用。十月革命胜利后，以李大钊为代表的北京高校师生率先在中国传播马克思主义，发起马克思学说研究会，建立北京的共产党早期组织，播下党的红色火种。在学习和传播理论的同时，北京高校师生积极投身工农运动，在马克思主义和工农革命实践之间架起一座桥梁，促进马克思主义同中国工人运动相结合。在新民主主义革命时期，北京高校师生在党的领导下舍生忘死、赴汤蹈火，诠释爱党爱国爱民的拳拳初心，为党的事业发展和新中国成立贡献了重要力量。在社会主义革命和建设时期，北京各级各类学校师生响应党的号召，积极投身抗美援朝和"两弹一星"事业，保卫祖国，服务国家建设。在改革开放新时期，北京教育系统衷心拥护和参与改革开放，培养出一大批高素质人才，为推进中国特色社会主义伟大事业作出了应有贡献。

党的十八大以来，以习近平同志为核心的党中央高度重视教育工作，坚持优先发展教育事业，推动教育改革发展取得显著成就。北京教育系统坚持以习近平新时代中国特色社会主义思想为指导，全面贯彻党的教育方针，传承红色基因，奋勇担当、开拓进取，展现出忠诚于党和服务国家的精神品格。在脱贫攻坚伟大实践中，北京市1300多所院校承担脱贫攻坚专项任务，1.7万多名干部教师赴受援地挂职和支教，覆盖18个省份40多个地区的100多个县旗市。在抗击新冠肺炎疫情斗争中，北京大学援鄂医疗队等克服困难、逆行出征，毅然担起抗疫使命。在科教兴国的第一线，北京教育系统始终关注国家和民族发展需求，发扬敢为天下先的精神，探索协同创新中心建设，创新一线教师岗位津贴等制度，大力推进"双减"工作，切实减轻了学生课业负担和校外培训负担。

革命传统教育要从娃娃抓起，既注重知识灌输，又加强情感培育，使红色基因渗进血液、浸入心扉，引导广大青少年树立正确的世界观、人生观、价值观。青少年是实现第一个百年奋斗目标的亲历者、见证者，更是实现第二个百年奋斗目标、全面建成社会主义现代化强国的生力军。北京教育系统坚持为党育人、为国育才，广撒深播"红色种子"，引导广大青少年把个人奋斗融入党和人民事业，努力成长为全面建成社会主义现代化强国的强国一代。

抓好青少年群体的党史学习教育。结合青少年特点，组织开展"永远跟党走"主题教育活动，通过"名师大家讲党史"、"四史"知识竞赛等立体式教育体验，大力营造沉浸式党史学习教育氛围，教育引导青少年在深学细悟中赓续精神血脉，从红色基因中汲取强大力量，厚植爱党爱国爱社会主义情感，自觉做共产主义远大理想和中国特色社会主义共同理想的坚定信仰者和忠实实践者。

推动思政小课堂与社会大课堂互联互动。组织专家把"旧北平"到"新北京"的光辉历程，特别是把习近平新时代中国特色社会主义思想在京华大地的生动实践编写成教学案例，教育引导青少年在思政小课堂中感悟党的创新理论的思想魅力和实践伟力。贯彻"大思政课"理念，组建首都师生服务保障中国共产党成立100周年庆祝活动宣讲团，结合参与活动体会深入宣讲习近平总书记"七一"重要讲话精神，挖掘用好党和国家的重大庆典活动留下的宝贵精神财富，在社会大课堂中传承红色基因。

用好红色资源打造特色课程。组建"北京教育红色基因"研究专班，组织拍摄反映学校历史发展中红色育人元素的电视专题片，做好党与北京教育百年发展的史料汇编，努力呈现党领导发展教育的精神图谱。充分发挥爱国主义教育基地作用，建立校馆联合实践育人机制，鼓励青少年到红色基地学习实践，参与文化传播和志愿服务，将红色场馆教育作为北京特色课程纳入教育教学，引导广大青少年在服务中受教育、长才干，在润物无声中自觉坚定理想信念、校正价值追求，矢志不渝听党话、跟党走。

加快培养创新型人才

当今世界,综合国力竞争说到底是人才竞争。当前,我国进入了全面建设社会主义现代化国家、向第二个百年奋斗目标进军的新征程,我们比历史上任何时期都更加接近实现中华民族伟大复兴的宏伟目标,也比历史上任何时期都更加渴求人才。新的征程上,我国实现高水平科技自立自强,归根结底要靠高水平创新型人才。这就要求我们更加重视人才自主培养,努力造就一批具有世界影响力的顶尖科技人才,努力培养更多高素质技术技能人才、能工巧匠、大国工匠。

明确人才培养目标,完善质量测评体系。"更加重视科学精神、创新能力、批判性思维的培养培育",是习近平总书记对培养创新型人才提出的明确要求。应加快完善以学生为中心的高等教育质量测评体系,更加关注学生的学习过程、学习经验以及学习效果，有效激发学生创新意识与发展潜能，实现培养目标与学生发展相统一。坚持以效果评估为重点，建立科学的学习效果评估体系，力争直观体现高等教育人才培养目标实现程度，客观反映教育资源投入产出情况，科学分析高等教育人才培养的优点和不足，进而优化资源配置、改进教育过程、提升教育质量。立足我国国情、文化、培养目标、实践体系等，借鉴国外有益经验，研发适合我国发展需要的标准化教育质量测评工具。

创新人才培养模式，构建协同育人平台。要完善创新人才培养模式，强化科学精神和创造性思维培养，加强科教融合、校企联合等模式，培养造就一大批熟悉市场运作、具备科技背景的创新创业人才，培养造就一大批青年科技人才。培养创新型人才，必须完善人才培养模式。应更加重视财政、科技、金融等领域政策创新，为构建产学研用结合的协同育人平台提供更加有利的外部条件。支持和引导高校依托自身学科资源优势、人才资源优势、科技资源优势，发挥科研院所的科研资源优势和企业的实践资源优势，打造开放共享、融合创新的育人体系。鼓励和引导行业企业、风投机构、创业园区、科研院所等专业机构参与人才培养，完善校校、校地、校所、校企等长期共建模式，创新以项目为纽带的更加灵活的协同育人模式，汇聚合力培养我国经济社会发展所需人才。在全社会营造包容失败、鼓励创新的文化氛围，激发各类人才的创新热情。

　　优化制度供给，加速科技成果转化。必须破除体制机制障碍，面向经济社会发展主战场，围绕产业链部署创新链，消除科技创新中的"孤岛现象"，使创新成果更快转化为现实生产力。科技创新成果转化为现实生产力的过程是创新型人才价值实现的过程，对于加快培养创新型人才具有重要促进作用。发挥创新型人才在推动高质量发展、加速科技创新成果转化中的作用，需要立足国家战略需求完善相关制度，构建完整的创新链条，充分发挥政策导向功能，以重大科研项目为载体，整合高校、工程中心、产业化基地、企业等多个主体的优质资源，打通基础前沿最新成果向创新链下游渗透的创新通道，以完整的创新链条拓宽创新领域；完善市场定价机制，健全市场导向机制，发挥市场在创新资源配置中的决定性作用，促进政、产、学、研各方加强合作，以合理的价格机制激励创新行为；加大专项经费投入，建立激励创新投入的税费减免机制，激励和引导企业增加研发投入；扩大社会融资渠道，以多元充足的经费来源促进自主创新实现良性循环。

充分发挥基础研究人才培养主力军作用

肖翠祥

发展是第一要务，人才是第一资源，创新是第一动力。习近平总书记指出："我国拥有世界上规模最大的高等教育体系，有各项事业发展的广阔舞台，完全能够源源不断培养造就大批优秀人才，完全能够培养出大师。我们要有这样的决心、这样的自信。"源源不断培养造就大批优秀人才，需要高校牢牢把握正确政治方向，不断深化教育评价改革，建立健全产学研深度融合的人才培养机制，充分发挥基础研究人才培养的主力军作用。

把握正确政治方向。习近平总书记强调："做好人才工作必须坚持正确政治方向，不断加强和改进知识分子工作，鼓励人才深怀爱国之心、砥砺报国之志，主动担负起时代赋予的使命责任。"我们党立志于中华民族千秋伟业，必须培养一代又一代拥护中国共产党领导和我国社会主义制度、立志为中国特色社会主义事业奋斗终身的有用人才。在百年奋斗历程中，我们党始终重视培养人才、团结人才、引领人才、成就人才，团结和支持各方面人才为党和人民建功立业。以习近平同志为核心的党中央作出人才是实现民族振兴、赢得国际竞争主动的战略资源的重大论断，作出全方位培养、引进、使用人才的重大部署，推动新时代人才工作取得历史性成就、发生历史性变革。当今世界正经历百年未有之大变局，新一轮科技革命和产业变革迅猛发展。科学技术从来没有像今天这样深刻影响着国家前途命运，从来没有像今天这样深刻影响着人民生活福祉。源源不断培养造就大批优秀人才，需要高校始终坚持党对人才工作的全面领导，牢牢把握正确政治方向，坚持社会主义办学方向，把立德树人作为根本任务，加快推进教育现代化、建设教育强国，办好人民满意的教育，教育引导广大青年学生心怀"国之大者"，为国分忧、为国解难、为国尽责，努力成为堪当民族复兴重任的时代新人。

深化教育评价改革。习近平总书记指出："要完善人才评价体系，加快建立以创新价值、能力、贡献为导向的人才评价体系，形成并实施有利于科技人才潜心研究和创新的评价体系。"高校人才资源丰富，是国家知识创新的重要力量。2020年，中共中央、国务院印发的《深化新时代教育评价改革总体方案》提出："制定'双一流'建设成效评价办法，突出培养一流人才、产出一流成果、主动服务国家需求，引导高校争创世界一流。"这为高校深化教育评价改革指明了方向、提供了遵循。源源不断培养造就大批优秀人才，需要高校聚焦人才培养、科研创新、服务社会等重点方面，进一步深化教育评价改革，让人才创新创造活力充分迸发，使各方面人才各得其所、尽展其长。从创新人才培养方面讲，可以根据需要和实际向用人主体充分授权，发挥用人主体在人才培养、引进、使用中的积极作用，积极为人才松绑，完善人才管理制度，做到人才为本、信任人才、尊重人才、善待人才、包容人才；从创新人才评价方面讲，以品德、能力、业绩为评价导向，更加注重业绩成果和实际贡献，以实绩论英雄，避免唯学历、唯资历、唯论文、唯奖项倾向，面向世界科技前沿、面向经济主战场、面向国家重大需求、面向人民生命健康，让优秀人才脱颖而出，努力形成人人渴望成才、人人努力成才、人人皆可成才、人人尽展其才的良好局面。

推动产学研深度融合。习近平总书记强调："要调动好高校和企业两个积极性，实现产学研深度融合。"迈上全面建设社会主义现代化国家、向第二个百年奋斗目标进军的新征程，我们比历史上任何时期都更加接近实现中华民族伟大复兴的宏伟目标，也比历史上任何时期都更加渴求人才。建立产学研深度融合的人才培养机制，有利于高校和企业更好服务国家重大战略，精准对接经济社会发展需求，实现国家战略、产业发展、人才培养良性互动。党的十八大以来，我国高等教育的基础性、先导性、全局性地位和作用更加凸显，着眼促进人才供给和需求相适应，建立高校学科专业、类型、层次和区域布局动态调整机制，探索建立创新创业导向的人才培养机制，高校和企业两个积极性得到有效调动，产学研深度融合成效显著。源源不断培养造就大批优秀人才，需要高校切实担负起人才培养的重任，持续推动产学研深度融合。一方面，把课堂教学、加强实践、指导帮扶结合起来，通过多学科融合培养更多的拔尖创新人才和团队。另一方面，建好创新创业服务平台，开展双创实训、指导服务、孵化转化、资源对接一体化服务，让各类人才的创造活力竞相迸发、聪明才智充分涌流。

《人民日报》（2021年11月23日）

★ **拓展阅读**

切实推动产学研深度融合

产学研深度融合,是深化科技体制改革的一项重要内容,在宏观层面能推动经济增长方式由要素驱动向创新驱动转变,在微观层面能实现企业、高校和科研院所等产学研主体的深度融合,形成创新合力。

更好发挥政府作用,通过政府的有效引导,推动产学研深度融合

在推动产学研深度融合的过程中,政府要成为参与者、服务者、引导者。

政府要成为产学研深度融合的参与者。特别是在关键共性技术和基础共性技术的研发方面,不能单纯地依靠市场机制推动,还需要政府的积极参与,以重大科技项目为纽带,以产学研联盟为载体,力争突破一批共性技术和关键核心技术,促进产业结构转型升级。

与此同时，政府需积极引导创新，通过科学合理的角色定位，推动构建协同创新治理机制。

政府要做产学研深度融合的服务者。政府既要培育企业、高校和科研院所的知识产权保护意识，也要强化科技与金融的紧密结合，解决好产学研深度融合中的资金问题。在大多数产学研合作模式中，都是由企业出资金，高校或科研院所提供科技人才和科研设备。面对关键核心技术、共性技术和前瞻性技术难题，企业单独出资面临较大困难，政府可通过设立专项资金，为产学研深度融合提供资金来源，推动技术研发和创新，降低企业进行技术创新的风险，提升企业参与创新的意愿。

政府要做产学研深度融合的引导者。政府需引导建立产学研深度融合的利益分配机制和风险控制机制。前者需要尊重企业、高校和科研院所的利益和需求，充分考虑创新的贡献率问题；后者需有效应对成果转化风险、创新失败风险等，尽可能地将风险发生的概率降到最低，有效减少创新主体的损失。

产学研深度融合需以市场为导向，使市场在资源配置中起决定性作用

推动产学研深度融合，需更好遵循市场规律，优化创新资源配置，推动创新要素集聚，提升企业的创新能力和市场竞争力。

一是要完善成果评估体系。加快建设知识产权法庭，加大执法、执行力度，从法律法规上保障科技活动顺利开展；建立科学公正、适合我国国情的评价体系，为科研人员提供良好的学术及人文环境，

充分调动其主动性;对评审标准、评审专家、评价结果等信息全程公开、公示,有效维护科技成果评价的客观公正和权威性。

二是要健全人员激励机制。在给予科研人员物质激励的同时,进一步强化精神激励,大力培育尊重知识、尊重人才的社会环境,并且建立一套科学评价技术人员工作成果的考核机制。在此基础上,还要努力形成市场认可、来去自由的人力资本流动机制。

三是要构建信息共享平台。充分利用现代化的通信系统和信息技术手段,构建面向全社会的产学研信息收集和发布网络平台;建立产学研深度融合项目评价数据库,为企业、高校和科研院所提供合作项目的技术咨询和市场报价资料;在政府的引导下,打造集咨询、检索、申请、评估、审批、交易、投融资等功能于一体且具有权威性的产学研服务平台。

四是要建设科技中介体系。主要是加强科技中介建设,发挥其服务、评估、经纪和咨询等职能,为科技创新实体提供社会化、专业化服务。具体包括:制定统一的中介服务机构标准、定期开展中介服务机构资格认定和审查、提升中介服务机构技术水平和服务质量、强化中介服务机构的人员培训和日常管理等。

充分重视企业在推动产学研深度融合过程中的主体作用

企业作为创新活动的主体,承担着开发、转化、应用和推广的职能,需进一步明确和强化企业在产学研深度融合中的主体地位,从机制上推动其实现持续性的技术创新。企业也要主动贴近市场,准确把握科技发展趋势,提供有市场前景的产品和服务,提高创新的成功率和效益。

要强化企业技术创新的主体地位。采取切实有力的措施引导创新资源更多地向企业集聚，建立健全企业主导产业技术研发创新的体制机制，充分发挥企业在技术创新决策、研发投入和成果转化中的主体作用以及在创新目标、资源配置、组织实施过程中的主导作用。要不断加大对企业创新的支持力度，积极支持企业与高校、科研院所的联合创新，重点支持公共技术研发平台、中试基地和成果转化基地的建设。

要充分发挥国有企业的带头作用。要从战略上加大考核权重，使企业更加注重长期技术能力的培育，从而改变各种短视行为，加大技术研发投入，促进产品结构调整，增强企业的核心竞争力。

要支持中小企业发展。中小企业虽然具有创新的动力和活力，但科研人员不足、科研资金缺乏、技术不够雄厚等难题普遍存在，在引进和使用新技术、参与科研项目和自行开展技术研发方面普遍存在困难。因此，需着力扶持中小企业做好产学研深度融合，解决中小企业科技人才短缺的问题，并对中小企业提供技术支持。

总的来看，推动产学研深度融合是顺应当今世界科技创新发展趋势的有力举措，针对当前存在的"学""研"与"产"脱节的突出问题，应建立科学有效的产学研深度融合机制，建设和完善国家创新体系。在这方面，我们不能简单地照搬西方经验，需根据我国经济发展现状和产学研结合的实际情况，探索出一条适合我国的产学研深度融合之路。

> ★ 一线观察

营造拴心留人的好环境

秋日的夜晚,安徽合肥离子医学中心质子治疗设备治疗室内,灯火通明。设备调试、逐一验证,收集参数、实时记录,中心首席医学物理专家卢晓明和他的团队正在紧张忙碌着。自2019年回国以来,尽管已是满头银发,卢晓明的科研热情依然高涨。

近年来,合肥市深化人才发展体制机制改革,为人才搭建平台、提供政策、优化服务,吸引汇聚了许多高层次人才。

搭建平台,人才引得来

山东长大、江苏求学、海外深造,63岁那年,卢晓明选择回国。"国内质子放射治疗事业起步晚、发展相对滞后。"卢晓明说,看到患者远渡重洋求医,自己想要利用毕生所学为祖国的质子放射治疗事业出一份力的决心就愈发强烈。

作为合肥综合性国家科学中心产业创新转化平台之一,合肥离

如何 建设世界重要人才中心和创新高地

子医学中心建设之初,面临人才紧缺的难题,各方面工作都急需经验丰富的质子专家。2020年5月,卢晓明组织申报的"合肥质子放射治疗临床研究中心"成功列入合肥综合性国家科学中心入库项目。"有平台才有舞台。"在卢晓明看来,合肥综合性国家科学中心这个平台,将会吸引更多人才聚集。

科研平台既是科技创新的强力引擎,也是引进高层次人才的强大磁场。2017年,一场由中国科学技术大学与合肥市政府共同举办的"墨子论坛"汇集了上百位海内外青年人才,谈鹏就是其中之一。"进企业、逛公园,加上学术交流,短短几天时间,我感受到合肥浓厚的创新创业氛围。"一年后,90后谈鹏选择加入中国科学技术大学,成为工程科学学院特任研究员。

作为一个学术交流平台,"墨子论坛"已举办5届。通过平台,中国科学技术大学引进人才475人,其中,54人入选国家创新人才计划、63人入选中科院百人计划。

如今,合肥市正紧锣密鼓搭建各类科研平台。"为科研人才提供发展空间,支持他们深度参与国家计划项目、开展科研攻关,能够激发人才干事创业热情,也有助于迸发更多创新活力。"合肥市委常委、组织部部长葛建荣说。

创新政策,人才留得住

前一阵子,得知自己被认定为B类高层次人才时,中专学历的李光凤不禁喜出望外。创新检验方法、改进质检标准、获得专利授权……作为安徽皖维高新材料股份有限公司质量管理部中化室主任,李光凤在质检一线工作了近30年。"高层次人才分类认定,过去常听人说。这些年,我获得了安徽省技能大奖、安徽省技术能手等荣誉,虽然学历低,可也想申请试试看。"李光凤坦言。

身怀技能,却学历不高,人才认定该咋办?2020年1月,合肥市出台《高层次人才分类偏才专才认定实施细则》,规定对产业发展急需、社会贡献较大,但未纳入现行人才目录、在认定系统中无法选择的人才,其认定申请可以提交联席会议。

何谓"联席会议"?原来,合肥市委组织部、市人力资源和社会保障局牵头成立了特殊人才分类认定协调小组,成员单位为承担认定条件审核职能的市直主管部门,同时合肥市人力资源测评中心组建了"合肥市特殊人才分类认定评审专家库"。联席会议参加人员即为成员单位的相关领导和从专家库中随机选定的相关行业、领域专家。

9月4日,第六次联席会议上,李光凤凭借"国务院批准的享受政府特殊津贴专家"及高技能水平,被认定为B类高层次人才。会上,像她一样通过认定的偏才专才共有108位。

根据政策,拿到B类高层次人才认定的李光凤可以享受重点产业企业人才岗位补贴。"人才认定是一种荣誉,还能获得政策支持,我更愿意在这长期干下去了!"李光凤笑着说。

优化人才认定,创新人才政策。2020年以来,合肥市印发多份政策文件,从人才稳岗安居、企业引才奖补等方面提出一系列支持举措。其中,针对高校和公立医院建设中编制岗位瓶颈问题,合肥市还建立了动态调整、周转使用、人编捆绑、人走编收的"编制周转池"制度。

"工作近10年，一直没有编，心里总有些不安。"合肥市第二人民医院急诊科副主任章洪院说，去年医院编制公告一发，自己又符合条件，于是赶紧报了名。先笔试，后测评，再体检，不到2个月，章洪院就入了编。拿到编制的章洪院直言自己更安心、更有归属感了。

2016年以来，通过"编制周转池"，合肥市高职院校、公立医院等重点领域引进了一批高层次人才，仅合肥学院就引进具有博士学位的高层次人才161名、特需人才31名，为合肥高质量发展提供了有力的人才支撑。

优化服务，人才更舒心

这阵子，卢晓明更忙了。"治疗室里活儿不少，人才公寓又在装修，好在有人才服务专员帮忙。说起来，还是他们提醒我可以享受人才公寓政策的。"卢晓明笑着说。

他提到的人才服务专员，是合肥市近年组建的人才服务队伍，分为市、县、用人单位三级，合力打造全周期人才服务体系。

"一方面，人才在创新创业中有政策、项目、融资等需求，可以通过人才服务专员直接联系相关部门获得支持；另一方面，有些高层次人才面临配偶就业难题，我们人才服务专员也会帮忙推荐意向单位，牵线搭桥，解决后顾之忧。"合肥市委组织部人才服务处处长周燕介绍，目前，全市人才服务专员队伍已有300多人。

让数据多跑腿、人才少跑路，是合肥市优化人才服务工作的一个鲜明特点。2020年，合肥市重点产业企业人才安居平台上线，重点产业企业和各类人才仅需10分钟在线填写资料，即可完成免费租房、租房补贴、购房补贴等申请。

根据人才申报各类政策服务时反映的材料多、程序长等问题，合肥还建立了"一网通"人才服务体系，租购房补贴、人才团队申报、科研项目补助等50多个人才关心关注的事项，实现一网通知、一网查询、一网办理的无纸化、不见面办公。

点开网址，填写简历，在线申请……李光凤说起高层次人才分类认定申报过程，直夸"很方便"："我只需上传电子版，至于专业技术资格证书等原件，公司会统一送去认证。自己不用跑，省了不少心。"

在谈鹏看来，这几年来，从科研经费到实验用房，从团队建设到生活补助，合肥市有关部门和学校提供了周到的服务。

"一入职，学校就提供科研启动经费资助。我们要想申报国家人才引进计划等相关人才项目，学校还会组织校内预答辩，请有关领域专家和领导评审把关。"谈鹏说，这么多优质的服务，让他做起科学研究来非常舒心、安心。

建设全球人才高地

当今世界，综合国力的竞争归根到底是人才的竞争、劳动者素质的竞争。当前，必须抓紧深入实施人才强国战略，实现科技高水平自立自强，激发各类人才创新活力，建设全球人才高地。

功以才成，业由才广。当今时代，人才早已成为引领科技创新、驱动产业变革、促进区域发展的关键因素，也日益成为增强国家综合国力、赢得国际竞争主动的战略资源。面对世界百年未有之大变局和中华民族伟大复兴战略全局，人才作为第一资源越来越成为国际竞争至关重要的变量。党的十九届五中全会提出要把科技自立自强作为国家发展的战略支撑，擘画了加快建设科技强国的宏伟蓝图，实现这一目标迫切需要我们建设全球人才高地，培养造就一大批具有国际水平的战略科技人才。

建设全球人才高地，首先要更加重视人才自主培养，努力造就一批具有世界影响力的顶尖科技人才，稳定支持一批创新团队，培养更多高素质技术技能人才、能工巧匠、大国工匠。教育兴则国兴，教育强则国强，党和国家教育事业的繁荣发展是培养造就高质量人才的根本之途。新中国成立以来，我国教育事业培养出一大批为共和国各项事业作出巨大贡献的杰出人才，充分证明我国教育是能够培养出大师来的，我们要有这个自信。

建设全球人才高地，还需要有聚天下英才而用之的胸怀气魄。我们要坚持问题导向，奔着最紧急、最紧迫的问题去，从国家急迫需要和长远需求出发，扩大科技领域开放合作，构筑集聚全球优秀人才的科研创新高地，完善高端人才、专业人才来华工作、科研、交流的政策，为海外科学家在华工作提供具有国际竞争力和吸引力的环境条件，积极引导全球人才参与解决人类面临的重大挑战，努力推动科技创新成果惠及更多国家和人民。

人才是21世纪最宝贵的资源，我们要让科技人员把主要精力投入科技创新和研发活动，决不能让科技人员把大量时间花在一些无谓的迎来送往活动上，花在不必要的评审评价活动上，花在形式主义、官僚主义的种种活动上。各地区各部门要想方设法创新务实举措,将科研人员从"填表""报销"等事务中解放出来,使他们能够将宝贵精力聚焦主业,心无旁骛去搞研究。

　　贤良之士众,则国家之治厚;贤良之士寡,则国家之治薄。我们要以识才的慧眼、爱才的诚意、用才的胆识、容才的雅量、聚才的良方,广开进贤之路,把党内和党外、国内和国外等各方面优秀人才吸引过来、凝聚起来,建设全球人才高地,为把我国建设成为富强民主文明和谐美丽的社会主义现代化强国、实现中华民族伟大复兴的中国梦不懈奋斗。

为加快建设世界重要人才中心和创新高地贡献力量

怀进鹏

千秋基业，人才为本。党的十八大以来，习近平总书记围绕人才工作作出一系列重要论述，深刻回答了新时代人才事业发展的重大理论和实践问题。习近平总书记在中央人才工作会议上的重要讲话，对我国人才事业发展作出了顶层设计和战略谋划，向全党全国发出了深入实施新时代人才强国战略、加快建设世界重要人才中心和创新高地的动员令，为做好新时代人才工作指明了前进方向、提供了根本遵循。教育兴则国家兴，人才强则国家强。教育系统要深入贯彻落实习近平总书记重要讲话精神，抓住机遇、超前布局，加快推进教育现代化，建设教育强国，办好人民满意的教育，为实现高水平科技自立自强、加快建设世界重要人才中心和创新高地提供有力支撑。

如何 建设世界重要人才中心和创新高地

坚定自信，
充分发挥教育在人才培养中的基础性作用

习近平总书记指出："我国拥有世界上规模最大的高等教育体系，有各项事业发展的广阔舞台，完全能够源源不断培养造就大批优秀人才，完全能够培养出大师。我们要有这样的决心、这样的自信！"加快建设世界重要人才中心和创新高地，必须把握战略主动，做好顶层设计和战略谋划。在中央人才工作会议上，习近平总书记着眼2025年、2030年、2035年三个重要时间节点，提出了明确的世界重要人才中心和创新高地建设目标。我们要按照这一"时间表""路线图"，坚持中国特色社会主义教育发展道路，坚定不移走好人才自主培养之路。

全面贯彻党的教育方针。牢记为党育人、为国育才，加强党对教育工作的全面领导，全面贯彻党的教育方针，坚持社会主义办学方向，落实立德树人根本任务，全面提高教育为人民服务、为中国共产党治国理政服务、为巩固和发展中国特色社会主义制度服务、为改革开放和社会主义现代化建设服务的能力和水平。全面加强教育系统党的建设，牢牢掌握意识形态工作领导权，牢固树立正确人才观，使教育领域成为坚持党的领导的坚强阵地，让党旗始终在育人一线高高飘扬。把思想政治工作贯穿学校教育管理全过程，推进大中小学思政课一体化建设，增强思政课的亲和力和感染力、针对性和实效性，推动专业教育与思政课同向同行，加快健全全员、全过程、全方位育人工作格局，培养德智体美劳全面发展的社会主义建设者和接班人。

全面提高人才培养质量。突出服务国家战略需求，推动高等教育内涵式发展，大力振兴中西部高等教育，加快"双一流"建设，引导高校瞄准科技前沿和关键领域，高起点布局支撑国家原始创新能力和可持续发展能力的基础学科专业。深化学科体系、教学体系、教材体系、管理体系改革，推进新工科、新医科、新农科、新文科建设，布局交叉学科专业，发展应用型学科专业。加大创新实践能力培养力度，强化科教协同和产教融合育人，加快培养急需紧缺人才，着重培养创新型、复合型、应用型人才。积极发展职业教育，增强职业教育适应性，加快构建现代职业教育体系。聚焦世界科技前沿和国内薄弱、空白、紧缺学科专业，同世界一流资源开展高水平合作办学，主动走出去、积极引进来，有效拓展多元化的人才培养渠道。系统谋划构建服务全民终身学习的教育体系，发挥在线教育优势，为每个人完善自身、成长成才提供充分的学习资源和便利条件，全面挖掘和释放人才红利。

着力加强基础研究人才培养。基础研究是科技创新的源头。要全方位谋划基础学科人才培养，支持高校特别是"双一流"大学发挥培养基础研究人才主力军作用。强化长周期培养和稳定性支持，加大"强基计划"、基础学科拔尖学生培养计划实施力度，建设一批基础学科人才培养基地。多渠道选拔对基础学科有志趣、有天赋、有潜力的青年英才，深入推进基础学科招生培养改革，不断扩大基础学科专业招生规模，保持基础学科人才培养整体规模稳中有升，吸引最优秀的学生立志投身基础研究。创新育人模式，突破常规培养,更加重视科学精神、创新能力、批判性思维的培养教育,深化书院制、导师制、学分制改革,推进小班化、个性化教学,让具有发展潜力的拔尖学生成长成才。

聚焦高水平科技自立自强,积极参与国家战略人才力量建设

战略人才是支撑我国高水平科技自立自强的重要力量。习近平总书记强调:"大力培养使用战略科学家""打造大批一流科技领军人才和创新团队""造就规模宏大的青年科技人才队伍""培养大批卓越工程师"。加快提升自主创新能力,实现高水平科技自立自强,要充分发挥高校特别是高水平研究型大学在人才集聚中的重要作用,健全新型举国体制,把加强高层次人才队伍建设作为重中之重抓好抓实。

培养造就更多战略科学家和大先生。没有高水平的师资队伍,就很难培养出高水平的创新人才,也很难产生高水平的创新成果。要大力发现和培养一批站在科学技术发展最前沿,能够进行方向性、全局性、前瞻性思考,具有卓越科技组织领导才能的战略科学家,支持他们在引领重大原始创新、参与教育和科技战略顶层设计、推动学科交叉融合和创新发展、突破关键核心技术等方面发挥帅才作用。聚焦立德树人根本任务,按照"四有"好老师要求,加强教师思想政治工作,健全师德师风建设长效机制,引导教师潜心教书育人,做具有大学问、大情怀、大格局、大境界的大先生,厚植高层

次人才队伍建设的坚实基础。

支持培育一大批学科领军人才和高水平团队。高校是科技创新体系的重要组成部分,要瞄准国家重大战略需求和关键"卡脖子"问题,加快在优势高校布局建设前沿科学中心和关键核心技术集成攻关大平台,强化有组织的科研攻关,给予人才充分支持和信任,让更多人才从国家科技创新主战场上涌现出来,从高校科技创新主力军中成长起来。立足建设具有中国特色、中国风格、中国气派的哲学社会科学,着力培养造就具有深厚马克思主义理论素养、学贯中西的思想家和理论家,理论功底扎实、勇于开拓创新的学科带头人,年富力强、锐意进取的中青年学术骨干,支持他们聚焦中国问题、阐释中国理论、讲好中国故事。深化国际学术交流合作,搭建国际化创新平台,聚天下英才而用之,努力使更多全球智慧资源、创新要素为我所用。

加大对青年人才的支持力度。青年人才是国家战略人才力量的源头活水,培养青年人才就是奠基未来。要引导高校加强高层次人才队伍梯队建设,把政策重心和工作重点放在培育青年科技人才上,完善优秀青年人才全链条培养制度,加强高校优秀毕业生接续培养。做好国家重大人才工程实施工作,扩大青年人才项目支持规模,优化支持方式。鼓励科研项目团队吸纳更多青年人才参与,放手让他们到科研一线的重要岗位上锻炼,支持他们挑大梁、当主角。制定实施基础研究人才专项,长期稳定支持一批在自然科学领域取得突出成绩、具有创新潜力的青年人才,促使他们快速成长、早担大任。有针对性地解决青年人才面临的实际困难,让青年人才安身、安心、安业。

培养更多卓越工程师。立足战略性新兴产业发展需要，加快布局建设新型高水平理工科大学，加大理工科人才培养分量。深入实施卓越工程师教育培养计划，增强学生爱党报国、敬业奉献的精神，提高学生的技术创新能力和解决复杂工程问题能力。推进产学研合作教育，完善校企联合培养机制，重点建设一批工程领域硕士点、博士点，将学生完成企业特定研究课题和项目作为学业重要内容。深化工程教育改革，鼓励校企共同设计培养目标、制定培养方案、实施培养过程，实行校企"双导师制"，探索实行高校和企业联合培养高素质复合型工科人才的有效机制。

深化体制机制改革，充分激发学校和人才生机活力

习近平总书记强调，要深化人才发展体制机制改革，"向用人主体授权""积极为人才松绑""完善人才评价体系"。人才工作是一项系统工程，要准确把握教育规律、人才成长规律和人才工作规律，坚持党管人才原则，坚持系统思维，以完善体制机制为重点、营造良好氛围为关键，全面做好各项工作，为人才心无旁骛钻研业务创造良好条件。

健全教育人才工作领导机制。各级教育行政部门和高校要牢固树立人才引领发展的理念，把人才资源开发放在最优先位置，切实推动完善党对人才工作全面领导的体制机制和政策体系，加大人才发展投入，优化教育系统人才表彰奖励制度，加快建立人才资源竞

争优势。把做好人才思想政治工作作为高校党建工作和人才工作的重要内容，引导广大人才深入学习习近平新时代中国特色社会主义思想，始终听党话、跟党走。落实好领导干部联系服务专家制度，密切思想联系和感情交流，把党内和党外、国内和国外等各方面优秀人才都吸引过来、凝聚起来。

加大授权松绑力度。以激发活力为核心，根据需要和实际向学校充分授权，切实发挥好学校在人才培养、引进、使用中的积极作用。指导高校深入落实科研经费管理改革政策，确保科研经费既"用好"又"好用"，用到该用的地方、用到刀刃上，落实让经费为人的创造性活动服务的理念。统筹督查检查评比考核事项、社会事务进校园等，尽量减少对学校和人才不必要的干扰。推动学校发挥主观能动性，增强对人才的服务意识和保障能力，建立有效的自我约束和外部监督机制，确保下放的权限接得住、用得好。

完善人才评价、激励、流动机制。抓好《深化新时代教育评价改革总体方案》落实落地，加快破除唯分数、唯升学、唯文凭、唯论文、唯帽子的顽瘴痼疾，加快建立以创新价值、能力、贡献为导向的人才评价体系，推动人才称号回归学术性、荣誉性本质。引导高校完善评价标准，改革评价方式，科学设置人才评价周期，坚持开展分类评价。推动重大项目立项和组织管理方式改革，建立健全责任制和"军令状"制度，实行"揭榜挂帅"，让人才把才华和能量充分释放出来。坚持正确导向，促进高校高层次人才合理有序流动。

大力弘扬科学家精神。科学家精神是科技工作者在长期科学实践中积累的宝贵精神财富。要大力弘扬科学家精神，引导广大人才

如何 建设世界重要人才中心和创新高地

胸怀祖国、服务人民，勇攀高峰、敢为人先，追求真理、严谨治学，淡泊名利、潜心研究，集智攻关、团结协作，甘为人梯、奖掖后学，身怀爱国之心，砥砺爱国之志。选课题、做研究、写论文都从国家急迫需要和长远需求出发，着力解决国家最重大、最关键、最急需的科学技术问题，努力为国尽责担责。强化学术道德、科研诚信、科研伦理建设，破除论资排辈、圈子文化。严格人才计划评审纪律，营造风清气正的评审环境。大力宣传教育系统人才先进典型，开展科普宣传教育，推动在全社会形成尊重人才、崇尚科学的风尚，让更多的青少年心怀科学梦想、树立创新志向。

《人民日报》（2022 年 01 月 26 日）

★ **拓展阅读**

走好人才自主培养之路

作为行业人才自主培养的主力军,行业特色高校要从党和国家事业发展全局的高度,强化主动融入、主动接轨、主动服务行业发展的意识,进一步理顺人才培养机制,深化管理体制改革,培养行业高水平复合型人才,努力在推动国家战略新兴产业发展、引领行业科技进步、攻克关键核心技术"卡脖子"问题等方面作出更大贡献。

突出思想政治引领。学校是立德树人的地方,必须坚持坚定正确政治方向。高校思想政治工作关系高校培养什么样的人、如何培养人以及为谁培养人这个根本问题,必须全面贯彻习近平新时代中国特色社会主义思想,深入贯彻党的教育方针,落实立德树人根本任务,推动高校思想政治工作高质量发展。理直气壮开好思政课,用好课堂教学这个主渠道,按照"八个相统一"的要求,不断增强思政课的思想性、理论性和亲和力、针对性。通过开展课程思政建设，最大限度发挥各类课程的育人功能，使各类课程与思政课程同向同行，努力构建全员全程全方位育人格局。着力挖掘和传承红色基因，加强校园文化建设，努力造就更多既有深厚家国情怀和强烈社会责任感，又勇于创新、追求卓越，具备解决行业关键问题能力的高水平复合型人才。

聚焦行业战略需求。我国高等教育要立足中华民族伟大复兴战略全局和世界百年未有之大变局，心怀"国之大者"，把握大势，敢于担当，善于作为，为服务国家富强、民族复兴、人民幸福贡献力量。高校要想国家之所想、急国家之所急、应国家之所需，紧盯世界科技前沿，下大力气培养高水平复合型人才。以实施"强基计划"为契机，深化高等教育综合改革，积极探索多维度考核评价模式，加快形成基础学科拔尖创新人才选拔培养的新机制。突出学科优势与特色，打破学科专业壁垒，打造有利于多学科交叉融合的平台，大力推进新工科、新医科、新农科、新文科建设，努力满足经济社会发展对不同类型人才的需求。突出基础学科支撑引领作用，将行业战略需求融入人才培养目标，探索以科学精神为指引、以创新意识培养为核心、以团队协作为依托、以行业关键问题解决为导向的高水平复合型人才培养新模式，实现人才培养与行业战略发展同向同行。

强化产学研协同创新。要完善以健康学术生态为基础、以有效学术治理为保障、以产生一流学术成果和培养一流人才为目标的大学创新体系，勇于攻克"卡脖子"的关键核心技术，加强产学研深度融合，促进科技成果转化。加强多学科交叉融合、强化产学研协同创新，是培养行业高水平复合型人才的重要路径。构建结构合理、富有活力、运行高效的政产学研用协同创新体系，推进"从实验室到大市场"的转化创新，加快推动科技成果就地就近转化。围绕国家重点领域、重点产业，建立高校、行业创新资源共享机制，共建多学科交叉研究共享平台，努力将产业动向、技术发展对高水平复合型人才的要求转化为高校人才培养的优势，促进人才培养与行业发展良性互动。

如何 建设世界重要人才中心和创新高地

★ 一线观察

着力培养科技创新主力军

一组数据体现着中国航天科技集团有限公司的人才底气。截至2020年底，集团公司在岗职工16.31万余人，科技人才队伍中，35岁及以下的占52.5%，45岁及以下的占83.1%。现拥有中国科学院院士、中国工程院院士31名，130名国家级专家。各类高层次人才数量位居中央企业前列。

如何培养航天高科技人才？怎样为科技强国打造创新队伍？中国航天科技集团有限公司秉持着具有航天特色的人才理念和经验做法。

坚持"人才高度就是事业高度"理念，在重大工程主战场识别、培养、用好领军人才。有计划地安排科技骨干经受多岗位、多专业锻炼，对善打硬仗、战绩突出的优秀科技骨干，及时将其推举为型号总设计师、总指挥，目前已有一批科技骨干走上型号"两总"岗位。选拔专业上具有深厚造诣、善于把握型号规律和技术进步的人才，让其经历大系统、多型号的磨砺，并适时担纲重大工程领域总指挥、总设计师。

坚持重大工程和重大研发项目每推进一个阶段，人才就跟进一批、储备一批。按照"分层分类、差异培养、量化考核、动态管理"思路，建立了由院士、国家级专家、集团及院所级专家构成的专家队伍，打造了由型号"两总"、主任师、副主任师和主管师构成的型号研制骨干队伍。

注重厚植青年科技人才成长沃土，让青年骨干打头阵、当先锋。对优秀苗子打破论资排辈，做到大胆使用、信任支持，使其在关键岗位上和重大项目攻关中经风雨、见世面、壮筋骨、长才干。目前型号"两总"中45岁以下占比超过30%，技术研发队伍中45岁以下占比达83%。每年拿出数千万元支持青年科技人才开展探索性、前瞻性和颠覆性项目攻关，并在团队组建、助手配备、经费使用、薪酬激励等方面予以特殊政策支持。

用航天精神坚定报国信念，以重大荣誉激励奋斗豪情。大力弘扬航天精神，通过多种形式把钱学森、孙家栋等老一辈的故事讲给航天青年听，国家利益高于一切、航天强国重任在肩，已成为新时代航天人的坚定信念。建立重大荣誉表彰机制，设立航天系列荣誉奖项，重奖有功科技人员；坚持薪酬分配向科技骨干倾斜，大力实施股权、分红激励和科技成果转化奖励。

面向建设航天强国和世界科技强国，中国航天科技集团有限公

如何建设世界重要人才中心和创新高地

司党组书记、董事长吴燕生表示，要深入贯彻落实习近平总书记关于新时代人才工作的新理念新战略新举措，紧密围绕集团公司发展目标，结合航天强国建设路线图，充分发挥人才引领发展的战略作用，着力打造科技创新主力军、一流的科技领军人才和创新团队，培养具有国际竞争力的青年科技人才后备军。

加快科技人才队伍建设

国家发展靠人才,民族振兴靠人才。实现我们的奋斗目标,高水平科技自立自强是关键。科技自立自强是国家发展的战略支撑,已成为决定我国生存和发展的基础能力,要瞄准世界科技前沿,抓住大趋势,下好"先手棋",打好基础、储备长远。

党的十九大确立了到2035年跻身创新型国家前列的战略目标,党的十九届五中全会提出坚持创新在我国现代化建设全局中的核心地位,把科技自立自强作为国家发展的战略支撑。高水平科技自立自强不仅是加快建设世界科技强国的关键所在,而且是加快建设世界重要人才中心和创新高地的目标指向。

当前,全球科技竞争日益激烈,我国经济社会发展和民生改善等对科技的需求比过去任何时候都更加迫切,对科技人才的渴求比历史上任何时期都更加迫切。对于一个国家而言，实现高水平科技自立自强，关键要有一大批爱党爱国、坚持学术报国的科技工作者。从钱学森、钱三强、邓稼先，到陈景润、黄大年、南仁东……正是这些心系祖国、服务人民的科学家前赴后继，我国科技事业才能取得今天这样的成就。从"嫦娥"飞天到"蛟龙"探海，从"天眼"探空到"墨子"传信，从页岩气勘探到量子计算机研发，一批批重大科技创新成果的背后，是众多科技工作者的忘我投入、奋力攻关。

实践证明，人才发展与科技创新是相互成就的关系，广大科技工作者为我国科技事业发展提供了源源不断的智力支持，是建设世界科技强国最为宝贵的财富。党的十八大以来，习近平总书记强调培养造就具有国际水平的战略科技人才、科技领军人才、卓越工程师、青年科技人才和高水平创新团队的重要性。当前，我国高水平创新人才仍然不足，特别是科技领军人才紧缺。要牢固树立人才是第一资源的理念，加快培养造就大批优秀科技人才。

高校、科研院所是国家科技创新体系的重要组成部分，也是培养优秀科技人才的重要主体，必须明确企业、高校、科研院所创新主体在创新链不同环节的功能定位，激发各类主体创新激情和活力。

在培养优秀科技人才方面，高校肩负着重要职责使命。一方面，高校、科研院所要支持和鼓励既有人才提升创新能力；另一方面，要完善引才引智机制，做好优秀科技人才的选拔与聘任工作，形成和壮大基础研究、应用研究、技术开发相结合的科技人才队伍。为有效保护和激发科技人才的创新活力，高校、科研院所要建立健全科技管理体制，落实好科技成果转化奖励、科研自主权、科技资源开放共享等政策措施，完善绩效评价与收入分配激励机制。建立科学的评价指标体系，以重大基础研究的创新能力、创新绩效为评价重点，强化分类考核评价导向，提高原创性、标志性成果的考核评价权重。引导广大科技工作者把自己的科学追求融入全面建设社会主义现代化国家的伟大征程中，特别是要大力培养青年学生的爱国情怀和创新能力。

建设高水平科技人才队伍

侯建国

2021年9月27日，习近平总书记在中央人才工作会议上发表重要讲话，全面总结了党的十八大以来我国人才工作取得的历史性成就、发生的历史性变革，精辟概括和深刻阐述了新时代我国人才工作的新理念新战略新举措，发出了深入实施新时代人才强国战略的动员令，为做好新时代人才工作指明了前进方向、提供了根本遵循。我们要把深入学习贯彻习近平总书记重要讲话精神作为当前和今后一个时期的重大政治任务，切实增强深入落实新时代人才强国战略的政治自觉、思想自觉、行动自觉，大力加强高水平科技人才队伍建设，为加快建设世界科技强国、实现高水平科技自立自强提供有力人才保障。

一、充分认识深入实施新时代人才强国战略的重大意义

人才是实现民族振兴、赢得国际竞争主动的战略资源，是衡量一个国家综合国力的重要指标，综合国力竞争说到底是人才竞争。在百年奋斗历程中，我们党始终重视培养人才、团结人才、引领人才、成就人才，团结和支持各方面人才为党和人民事业建功立业。在这次中央人才工作会议上，习近平总书记提出要深入实施新时代人才强国战略，加快建设世界重要人才中心和创新高地，为2035年基本实现社会主义现代化提供人才支撑，为2050年全面建成社会主义现代化强国打好人才基础，擘画了新时代我国人才工作新蓝图。

科技强盛是国家富强、民族振兴之基，国家发展、民族振兴都离不开科技人才。党的十八大以来，在我国深入实施创新驱动发展战略、决战脱贫攻坚、决胜全面建成小康社会、推动区域协同发展、抗击新冠肺炎疫情等国家重大战略和重大工作中，科技创新的贡献率显著提高，科技人才的关键作用有效发挥，人才工作的效能持续增强。面向全面建设社会主义现代化国家的宏伟目标，加快实现高水平科技自立自强，解决重点领域关键核心技术"卡脖子"问题，推动经济社会高质量发展，党和国家各项事业发展都对科技人才队伍提出了更高更紧迫的需求。这要求我们必须坚持人才引领发展的战略地位，加快建设一支规模宏大、结构合理、素质优良的高水平科技人才队伍，夯实创新发展的人才基础。

当今世界围绕科技制高点的人才竞争不断加剧，呈现出供需矛

盾突出、竞争重心上移、空间集聚加速、跨国流动高频等鲜明特征。谁在人才竞争中占据优势，谁就能赢得未来发展主动权。长期以来，美国等发达国家把吸引集聚全球优秀人才作为国家战略，大量引进高水平科技人才和留学生，为创造和保持科技与经济竞争优势提供了重要人才资源。与此同时，美国等发达国家还在科技和人才上不断加大对我国的遏制和打压，使我国人才工作面临新形势新挑战。要增强忧患意识，更加重视人才自主培养，加快建立人才资源竞争优势。

目前，我国已建成全球规模最宏大的科技人才队伍，2019年研发人员全时当量达到480万人年，占全球研发人员的比重超过30%；专业技术人才接近7840万人，其中集聚了以两院院士为代表的一大批高端人才。同时也要看到，与全面建设社会主义现代化国家要求相比，与世界科技强国相比，我国科技人才队伍的结构性矛盾突出，战略科学家、高水平基础研究人才和关键核心技术攻关人才匮乏。从国际科技人才竞争格局看，在量子信息、5G通信、高速铁路、民用无人机等领域我国处于领先地位，在互联网和人工智能应用等领域中美双雄并峙，在信息、生命科学等领域的大部分基础技术和关键共性技术方面，我国还处于跟跑地位。要从根本上实现我国科技发展从跟跑向并跑、领跑的转变，改变我国在关键核心技术上长期受制于人的被动局面，必须加快实施新时代人才强国战略，走出一条从人才强到科技强、经济强、国家强的创新发展和民族复兴之路。

二、把建设战略人才力量作为重中之重

习近平总书记指出，战略人才站在国际科技前沿、引领科技自主创新、承担国家战略科技任务，是支撑我国高水平科技自立自强的重要力量，要把建设战略人才力量作为重中之重来抓，大力培养使用战略科学家，打造大批一流科技领军人才和创新团队，造就规模宏大的青年科技人才队伍，培养大批卓越工程师。加快建设国家战略人才力量是一项系统工程，必须遵循人才培养、使用和发展规律。从队伍结构上看，合理的科技人才队伍呈金字塔形结构，战略科学家和科技领军人才作为"塔尖"，代表着科技人才队伍的最高水平；青年科技人才作为"塔基"，构筑起科技人才队伍的雄厚基础。要针对不同类型、不同阶段科技人才的特点培养和使用人才。从人才成长过程来看，十年树木，百年树人，"坐而论道"选不出人才，"论资排辈"熬不出人才，要坚持实践标准，通过"干中学"、"学中用"，立足科研实践，在科技创新主战场上培养和造就大批高水平科技人才，让更多战略科学家和科技领军人才脱颖而出。从人才发展环境来看，优良的种子需要肥沃的土壤和适宜的阳光雨露，优秀科技人才的成长需要崇尚创新、鼓励探索、追求卓越、宽容失败的文化氛围，需要让人才心无旁骛、潜心致研的良好条件和环境。只有充分认识和遵循这些科技人才成长和发展规律，才能加快形成人才辈出、人尽其才的生动局面，加快建设国家战略人才力量。

把培养使用战略科学家和科技领军人才作为战略重点。"千军易得，一将难求"。战略科学家是科学帅才，是国家战略人才力量中的

"关键少数",在科技创新活动中起着谋战略、指方向的重要作用。科技领军人才是国家战略人才力量的中坚骨干,在重大科技任务中发挥着挑大梁、带队伍的重要作用。20世纪五六十年代,钱学森、钱三强、华罗庚、李四光、贝时璋等老一辈科学家,主导制定了新中国第一个中长期科学技术发展规划,在"两弹一星"等国家重大战略工程中发挥了科技领军作用,奠定了我国科技事业发展的坚实基础。今天,我国要加快建设社会主义现代化强国,加快建设世界重要人才中心和创新高地,必须在人工智能、量子信息、集成电路、生命健康、生物育种、空天科技等战略必争领域和重要前沿基础领域,大力培养战略科学家和科技领军人才。依托"科技创新2030——重大项目"、基础研究和关键核心技术攻关、国防科技创新等重大科技任务,大胆选拔使用长期奋战在科研一线、德才兼备、视野开阔、思想前瞻、具有深厚科学素养和优良作风学风的优秀科技人才,支持他们发挥将帅作用,担当领衔重任,组织开展协同攻关和大兵团作战,形成战略科学家和科技领军人才成长梯队。面向国家战略需求推进院士制度改革,更好发挥广大院士在科研攻关、战略咨询、学科发展和人才培养中的作用。

把青年科技人才培养放在更加突出的位置。青年人才充满创新活力和发展潜力,是科技人才队伍中的生力军,代表了科技事业发展的希望和未来。有研究表明,自然科学家发明创造的最佳年龄段是25岁到45岁,2000年以来诺贝尔奖获得者取得标志性成果的平均年龄约为41岁。在我国"两弹一星"研制过程中,后来成为"两弹一星"元勋的23位科学家当时的平均年龄也不到40岁。近年来,中国科学院承担新一代北斗导航卫星研制任务的团队，平均年龄只有 31 岁。要把培育国家战略人才力量的政策重心放在青年科技人才上，给予青年科技人才更多的信任、更好的帮助、更有力的支持，为他们成长和发展搭建舞台、拓展空间。在部署科研项目时，提高青年科技人才担纲领衔的比例；在实施人才计划时，加大对青年科技人才的倾斜支持。更加关心关爱青年科技人才，教育引导他们坚定理想信念、涵养优良学风、厚植学术根基、保持科研定力，在科学研究道路上行稳致远；同时着力解决青年科技人才事业发展和工作生活中遇到的实际困难，有针对性地帮助他们解除后顾之忧，让他们安身、安心、安业。

随着科学技术不断向广度拓展、向深度迈进，多学科交叉渗透融合不断加强，科学研究的复杂性、系统性、协同性日益增强，高水平创新团队在科研活动中的作用更加凸显。要聚焦国家战略需求和前沿科学重大问题，围绕重点领域、重点产业、重大任务，鼓励支持科研人员跨学科、跨领域组建创新团队，鼓励支持科学、技术、工程等各类人才组建攻坚团队，构建"分可独立作战、聚可合力攻关"的科研组织模式，开展全链条、跨部门协同攻关，更好发挥各类人才的作用，着力实现原始创新和关键核心技术重大突破。

三、充分激发科技人才创新活力和潜能

习近平总书记强调，要深化人才发展体制机制改革，全方位培养、引进、用好人才。要锚定 2035 年我国进入创新型国家前列、建

如何建设世界重要人才中心和创新高地

成人才强国的战略目标，坚持目标导向、问题导向，加快构建既有中国特色又有国际竞争比较优势的人才发展体制机制，加快建设世界重要人才中心和创新高地。

改革人才使用机制，向用人主体授权，为科技人才松绑。党的十八大以来，国家在改革人才培养、使用、评价、服务、支持、激励等机制方面，出台了一系列务实管用的举措，取得了积极成效。但人才工作中的行政化倾向、官本位思维尚未根本革除，简单套用行政管理模式管理科技人才的现象仍然不同程度存在，科技领域"放管服"中既存在"不愿放、不敢放"的问题，也存在"接不住、用不好"的问题，导致用人单位的主体权责难以有效履行，科研人员的积极性、主动性难以充分调动。要改进科研院所管理，增强服务保障一线科研人员的意识和能力，采取切实有效措施，扩大科研人员在科研过程中的技术路线决定权、经费支配权、资源调度权，革除科研管理中的形式主义和官僚主义，为科研人员松绑、减负、降压，让科研人员在宽松的科研环境中有充足的时间潜心科研，充分释放聪明才智，有效激发创新热情。

改革人才评价机制，强化价值导向，分类精准评价。评价体系对人才成长和发展具有十分重要的"指挥棒"作用，目前部分科研人员中出现的急功近利、跟风式科研甚至科研行为不端等问题，很大程度上受到不科学、不合理人才评价体系的影响。要加快建立和完善以创新价值、能力、贡献为导向的科技人才评价体系，凭科研实绩和创新成果说话，不以"帽子"论英雄，不让老实人吃亏，不让投机者得利。坚持"破四唯"与"立新标"并举，根据不同类型科技创新活动的特点和不同学科领域人才成长发展的规律，实行分类评价，不搞"一刀切"，对基础前沿研究突出原创导向，对社会公益性研究突出需求导向，对应用技术开发和成果转化评价突出市场导向，形成并实施更具精准性和灵活性、有利于科技人才潜心研究和创新的评价体系。

坚持自主培养与对外开放并重，积极构建我国新时代科技人才工作新格局。作为一个世界上有重要影响的科技大国、人才大国，要满足我国对科技人才数量、质量、结构的全方位需求，主动应对少数国家对我国在科技和人才方面的遏制和打压，实现高水平科技自立自强，必须提高我国人才供给自主可控能力。为此，要充分发挥我国高等教育体系的规模优势，发挥科教融合培养高水平科技人才的显著独特优势，发挥国家事业发展急需各类人才的广阔舞台优势，把我国的人才竞争优势牢固建立在主要依靠自主培养的坚实基础之上。同时，强调人才自主培养绝不意味着自我封闭与隔绝，必须主动应对国际环境新变化，坚持"引进来、走出去"，以更加积极的态度、更加开放的政策、更加有效的措施，努力提高对国际一流人才的吸引力和竞争力。依托科技创新高地、优势创新单元和一流设施平台等，加强"高精尖缺"人才引进。通过主动发起国际大科学计划和大科学工程，扩大开放合作"朋友圈"，拓展国际交流合作的范围和渠道，更好汇聚全球智力资源和创新要素。支持更多科技人才走出国门，开展高水平国际学术交流与合作，在国际科技组织中发挥重要作用，积极融入全球创新网络。

四、营造健康向上、求实奋进的科技人才成长发展生态

习近平总书记强调,做好人才工作必须坚持正确政治方向,不断加强和改进知识分子工作,鼓励人才深怀爱国之心、砥砺报国之志。要坚持党对人才工作的全面领导,教育引导科技人才胸怀"国之大者",心系"国家事"、肩扛"国家责",主动担负起时代赋予的使命责任。

坚持党管人才,强化思想政治引领。党的领导是我国科技事业取得成功的根本保证,也是加快建设世界重要人才中心和创新高地的根本保证。要加强科研院所党建工作,充分发挥基层党组织的战斗堡垒作用和广大党员的先锋模范作用,发挥党的政治优势、组织优势和群众工作优势,把党中央对人才的关心、关爱、关怀传递到一线科研人员身上,把广大科技人才凝聚到全面建设社会主义现代化国家的伟大事业中来。推动党建工作与人才工作同谋划、同部署、同推进、同考核,实现有机结合、深度融合。

大力弘扬科学家精神,激励广大科技人才矢志爱国奋斗、锐意开拓创新。科学家精神是我国科技界的宝贵精神财富,老一辈科学家为我们树立了光辉榜样。20世纪60年代,我国"氢弹之父"于敏院士从国家战略需求出发,把自己的研究方向从理论物理转向核武器理论,为"两弹一星"事业作出了关键性重要贡献。国家最高科学技术奖获得者张存浩院士,为满足国家不同历史时期的重大需求,5次改变科研选题,在每一个科研方向上都取得了卓越成就。"时代楷模"南仁东先生24年心无旁骛,长期奔波在贵州大山深处,带

领科研团队攻克一系列技术难题，成功研制"中国天眼"（FAST），引领我国射电天文学达到世界领先水平。要认真学习他们的优秀品质，大力弘扬胸怀祖国、服务人民的爱国精神，勇攀高峰、敢为人先的创新精神，追求真理、严谨治学的求实精神，淡泊名利、潜心研究的奉献精神，集智攻关、团结协作的协同精神，甘为人梯、奖掖后学的育人精神，使科学家精神真正成为广大科技人才的精神引领和行动自觉。

加强作风学风建设，营造风清气正的科研环境。德不优者，不能怀远。科研道德和作风学风是科技人才在长期科研实践中形成并广泛认可、共同遵循的价值理念和行为准则。要坚持思想教育、制度建设和监督查处三管齐下，加强科研道德和作风学风建设，健全完善科学合理、权责一致的科研管理制度，明确科学研究的行为规范、学术标准和伦理要求，对各类学术不端现象零容忍。教育引导科技人才坚定创新自信、勇攀科技高峰，切实改变不同程度上存在的跟踪模仿的思维惯性和跟风逐热的盲目倾向，倡导求真务实、严谨治学，力戒浮夸浮躁、投机取巧，让真正创新干事的人才受到尊崇、得到支持、发挥作用。

《求是》（2021年第24期）

如何 建设世界重要人才中心和创新高地

> ★ 拓展阅读

让青年人才充分释放创新能量

助力青年科研人员成长,走好科研生涯关键的第一步,就有必要在他们最需要支持的时候给予资源和平台支持

2019年科学探索奖举行颁奖典礼,来自生命科学、数学、物理学、信息电子等九大领域的50位研究者获得这一殊荣。这些获奖者年龄都不超过45周岁,不少人只有30多岁。看一下他们的获奖项目,探索通用智能芯片的体系结构、研发高场多核超灵敏磁共振成像装备、解析病理情况下神经元的通信连接……这些问题处于科学探索的最前沿,30多岁的年轻人是怎么取得成果的?

青年是科研的黄金阶段,青年科研人员求知欲饱满,探索兴趣旺盛,钻研劲头执着,条条框框少,创新活力强。纵观世界科技发展史,很多重要成果都是科学家在青年时期的发现或发明。爱迪生发明留声机时不到30岁,爱因斯坦提出狭义相对论时不过20多岁,

牛顿发明微积分时也仅仅20岁出头……

近些年，科技发展更新迭代速度加快，更加考验科研人员对研究的敏感程度。青年人往往接受新知识快，对新变化更加敏感，更容易走在科学前沿。我国科学基金项目评审数据也反映了这一情况：2011年以来，面上项目负责人中，年龄在40岁以下的占比稳步提高，项目负责人年龄不断年轻化，青年科学工作者后浪推前浪，年轻人逐渐挑大梁。

在科学探索奖颁奖典礼上，杨振宁先生表示，博士学位后的5到10年期间，是科学研究工作者的困难时期。助力青年科研人员成长，走好科研生涯关键的第一步，就有必要在他们最需要支持的时候给予资源和平台支持。在他们成才的关口帮上一把，投入可能并不多，却会收获不小的惊喜。

为促进青年科研人才成长，我国设立了国家杰出青年科学基金。1995年至2017年间增选的12批中国科学院院士（不含外籍院士）中，228人曾获"杰青"基金资助，他们的代表性成果大多来自资助期间或是"杰青"基金研究工作的深化。2015年，中国科协启动"青年人才托举工程"以来，累计资助1000多名年轻人，其中不少人走出摸索期，成为各个领域的骨干，一些年轻人带领团队开创了新的研究方向。

要让有潜力、热心科研的青年科研人员脱颖而出，归根到底要在科研资源分配体系、评价机制、奖励制度等方面做好顶层设计，营造有利于他们成长的环境。因此，在国家不断加大对科学研究支持力度的同时，要不断破除体制机制上的障碍，完善针对科研人员本身的奖励激励政策；在实际工作中，改变"一刀切"的评价标准，合理调整职称、学历、论文数量、人才"帽子"等指标与实际贡献的权重，让那些有才华、有潜力但尚未成名的青年科研人员充分释放创新能量。

★ 一线观察

建立高质量人才自主培养体系

近年来,中国科学院围绕实现国家创新人才高地建设目标,深挖人才潜力,不断完善科技创新人才发现、培养、激励机制,营造风清气正的科研创新生态,各类创新人才创新活力迸发,重大科研成果不断涌现。

紧密结合科研实践,建立高质量人才自主培养体系。中国科学院立足科研实践是培养造就创新型科技人才的根本途径,通过承担和完成国家重大科技任务,成功锻造出一批高水平创新团队和领军人才。在科研实践中成长起来的大亚湾反应堆中微子振荡实验团队、铁基高温超导体研究团队等,都取得了令人瞩目的重大科技成果。

围绕学科领域布局和高水平团队建设,加强原始创新人才和青年人才培养。加大对青年科研人员的资助力度,把优秀青年人才放到重大科技攻坚中、重要岗位上去历练,健全与青年人才岗位、能力、贡献相适应的激励机制,构建完备的人才梯次结构。着力构建质量优异、特色鲜明的科教融合协同育人新模式，培养并向社会输送了一大批高素质创新创业人才。

遵循科技创新规律，不拘一格发现使用人才。突出事业需求，凝聚"高精尖缺"人才。坚持开放创新，加强人才引进的规划和系统布局，面向全球引进和使用各类人才资源，把各方面优秀人才集聚到科技强国建设的伟大奋斗中来。

突出精准施策，健全分类支持体系。遵循科技自身发展规律，改进科研项目组织实施与管理方式，促进各类人才发展与创新链紧密融合。

突出目标导向，完善人才评价机制。不断改进完善科研院所和高校人才考核评价制度，以创新能力、质量等为重点，建立符合科研人才成长规律、尊重和体现人才价值的评价体系。中国科学院人事局局长孙晓明表示："中国科学院将积极探索和创新管理制度，聚焦服务国家战略需求，强化服务支撑保障，为科研人员潜心攻关营造良好创新环境。"

> 先知先觉

培养具有家国情怀的一流人才

建设世界一流大学,是新的历史条件下我国高等教育事业发展的重要奋斗目标。高校立身之本在于立德树人。只有培养出一流人才的高校,才能够成为世界一流大学。我国高校要朝着建设世界一流大学的目标奋进,必须扎根中国大地办大学,培养具有家国情怀的一流人才。

世界一流大学通过创造世界一流的学术成果促进新理论产生、新技术变革和新产业发展,通过塑造世界一流大学文化引领社会文明发展,而这一切都依赖于一流人才。可以说,培养、拥有一流人才是一所大学成为世界一流大学的重要条件。综观当今世界公认的一流大学,它们都把培养引领未来经济社会发展的一流人才作为核心办学理念。

何为一流人才?一流人才应当胸怀国家和世界,具有优秀的道德品质和很高的综合素质，在不同领域为人类发展和社会进步作出重要贡献。在这些基本要素中，"德"居于基础性地位，决定着一个人的价值取向和人生走向。正如爱因斯坦在《悼念玛丽·居里》一文中所写的："第一流人物对于时代和历史进程的意义，在其道德品质方面，也许比单纯的才智成就方面还要大。"

家国情怀是中华民族的优秀文化传统，是我国知识分子爱国报国的朴素表达，也是我国大学在人才培养中的重要文化传承。家国情怀有着丰富内涵，当前我们倡导和培育家国情怀尤其要把握以下几个方面：第一，正确认识和准确把握世界与国家发展的大势，掌握马克思主义理论，具备宽广的视野，自觉践行社会主义核心价值观，坚定道路自信、理论自信、制度自信、文化自信；第二，勇于担当历史使命和国家大任，牢固树立为共产主义远大理想和中国特色社会主义共同理想而奋斗的信念和信心，正确把握国家的重大需求，把个人发展与国家发展紧密联系起来，把自身价值的实现同党和人民事业的发展紧密结合起来；第三，严谨笃实、脚踏实地，学以致用、知行合一，把远大的理想抱负和所学所思落实到报效国家的实际行动中。

当前，高校培养具有家国情怀的一流人才，需要通过以文化人和实践育人两个方面，将家国情怀教育融入大学人才培养全过程。一是注重以文化人。着眼思想政治引领和文化品格塑造，构建通识教育体系，形成政治素养、思想素养、品德素养、人文素养、身心素养、科学素养六大系列通识课程，帮助大学生树立远大理想，形成关心国家发展的强烈社会责任感。为此，要发挥课堂在育人方面的主渠道作用，努力丰富专业课程中的思想教育内容，促进专业教育和思想政治教育有机融合。同时，高校应以社会主义核心价值观为统领建设校园文化，形成学习文化、师德文化、学术文化、学科文化、管理文化、校友文化六大文化体系，把兴学强国的目标、严谨治学的风气、实事求是的态度、爱国奉献的传统转化为学生的自觉追求。二是注重实践育人。注重把人才培养与国家重大战略、重大工程和未来发展需要对接起来，推动教学科研深度融合，加强产学研协同，探索建立创新链、人才链、产业链对接机制，开展更多形式的工程拔尖创新人才培养试验；构建大学生创新创业支撑体系，建立创新实验、科研训练、创业实践三个层次的支撑平台，整合校内外资源，从政策机制和管理模式上为学生创新创业提供支持和服务。搭建社会实践平台，营造知行合一的文化氛围，大力开展日常实践、双休日实践和寒暑假集中实践活动，让学生走向经济建设和社会发展第一线，在认识和服务社会中开阔视野、磨炼意志、增长才干。

高校要成为人才高地和创新高地

陈 旭 邱 勇

国家发展靠人才,民族振兴靠人才。2021年9月27日,习近平总书记在中央人才工作会议上强调,我们必须增强忧患意识,更加重视人才自主培养,加快建立人才资源竞争优势。强调要全方位培养、引进、用好人才,加快建设世界重要人才中心和创新高地,为2035年基本实现社会主义现代化提供人才支撑,为2050年全面建成社会主义现代化强国打好人才基础。作为培养基础研究人才主力军和"卡脖子"关键核心技术攻关国家队,高水平研究型大学肩负着重要责任,必须坚持党的领导,全面贯彻党的教育方针,坚持社会主义办学方向,不断深化对人才事业发展规律的认识,把发展科技第一生产力、培养人才第一资源、增强创新第一动力更好结合起来,成为人才高地和创新高地,更好为改革开放和社会主义现代化建设服务。

一、加强党对高校人才工作的全面领导

习近平总书记指出,在百年奋斗历程中,我们党始终重视培养人才、团结人才、引领人才、成就人才,团结和支持各方面人才为党和人民事业建功立业。党管人才是做好人才工作的根本原则和政治保证。高校党委必须担起管宏观、管政策、管协调、管服务的责任,坚持"加强培养、积极引进、持续支持、统筹协调"人才工作方针,把加强党的建设作为坚强保证,将高层次人才队伍建设列为落实党建工作责任制的重要内容,千方百计造就人才、成就人才。

政治方向是一流大学建设的根本性问题。高校是知识分子聚集的场所和思想文化创新的重镇,必须加强政治建设、把稳政治方向。在人才引进、培养、使用全过程严把政治关,坚持政治标准和学术标准并重,坚决克服在师生中存在的忽视政治、淡化政治、避谈政治、远离政治的倾向。坚持和巩固马克思主义的指导地位,在世界格局深度调整,意识形态领域斗争日渐激烈,历史虚无主义、"普世价值"等错误思潮不断沉渣泛起的形势下,注重加强教师的理论培训和实践锻炼,教育引导教师掌握马克思主义科学武器,拨开思想迷雾、感悟真理力量、坚定理想信念。鼓励人才深怀爱国之心、砥砺报国之志,主动担负起时代赋予的使命责任。鼓励人才继承和发扬老一辈科学家胸怀祖国、服务人民的优秀品质,心怀"国之大者",为国分忧、为国解难、为国尽责。

近年来,清华大学通过深入研究新时代知识分子的特点,加强对学术骨干教师的政治吸纳,做好在高层次人才中发展党员工作,

弘扬"共产党是先进科学家的光荣归宿"传统，打造青年教师骨干领航工作站等平台，引导广大教师始终同党和人民站在一起，自觉做中国特色社会主义的坚定信仰者和忠实实践者。自2018年工作站成立以来，先后有156名教师进站，海外引进人才占比72%，目前已发展包括量子反常霍尔效应团队骨干成员和"戈登·贝尔奖"获得者、神威·太湖之光超级计算机负责人在内的78名党员。

二、走好人才自主培养之路

习近平总书记指出，走好人才自主培养之路，高校特别是"双一流"大学要发挥培养基础研究人才主力军作用，全方位谋划基础学科人才培养，建设一批基础学科培养基地，培养高水平复合型人才。这就要求我们要想国家之所想、急国家之所急、应国家之所需，坚持把立德树人作为根本任务，着力培养担当民族复兴大任的时代新人。历史和实践充分证明，中国高等教育完全能够源源不断培养造就大批优秀人才，完全能够培养出大师，要有这样的决心，坚定这样的自信。

当下，我国高校人才培养面临的最大挑战之一是高层次拔尖创新人才培养能力不足。要探索推动本科生文理渗透、通专融合的培养方式，加强科学精神、创新能力、批判性思维的培养教育，创新完善因材施教模式，深入实施"强基计划"，构筑人才培养特区，激励最优秀学生投身基础学科研究，为国家培养一批学术思想活跃、具备国际视野、发展潜力巨大的基础学科领域未来学术领军人才。

秉持科教融合理念，完善研究生分类选拔、培养、评价的制度和机制，把学科交叉融合等优势转化为人才培养优势，加大原创能力、独创精神的培养力度，支持研究生特别是博士生直接面向国家重大战略领域开展钻研探索，引导学生热爱学术、追求真理，把奉献国家民族作为毕生的追求。

习近平总书记强调："要探索形成中国特色、世界水平的工程师培养体系，努力建设一支爱党报国、敬业奉献、具有突出技术创新能力、善于解决复杂工程问题的工程师队伍。"我国制造业总体上处于全球价值链的中低端，许多产业的工程师数量不足、质量不高。当前高校在工程类人才培养过程中一定程度存在学术研究与产业需求脱节、动手实践能力不足、工程知识积累不够等问题。要重点培养学生解决当代社会、经济和产业发展中所面临的实际问题能力，兼顾专业知识的深化、学术能力的培养和综合素质的扩展、职业胜任力的提升。推进创意、创新、创业"三创融合"的高层次创新创业教育，激发和培养学生的首创精神、企业家精神。深化研究生专业学位改革，进一步完善大学与企业之间高水平人才流动机制，确保科学家与工程师之间、大学与企业之间在人才培养和供给方面保持持续深入的对话与合作，共同面向未来产业发展的人才需求，打造产教融合的高水平人才培养新体系。

习近平总书记指出，造就规模宏大的青年科技人才队伍，要把培育国家战略人才力量的政策重心放在青年科技人才上，支持青年人才挑大梁、当主角。高校要彻底打破论资排辈的弊端，制定青年人才支持专项，给予青年教师同等学术待遇，大幅提高科研启动经费支持,支持他们牵头组建团队、承担重大科研项目,长期稳定支持一批在自然科学领域取得突出成绩且具有明显创新潜力的青年人才。关注关心教师特别是青年教师发展,整合拓展资源,推动思想政治工作与教师全生涯发展支持体系有机融合,不断提升青年教师思想素质和发展潜力。切实拿出办法让青年教师从繁杂的事务性工作中解脱出来,想方设法解决青年人才在工作条件、福利待遇、住房、子女入学等方面的实际困难,为处于学术生涯初期的青年人提供一流的学术环境和良好的生活保障,让青年学者潜心学术研究、厚积学术底蕴。

三、建设一支高水平师资队伍

习近平总书记强调:"教师是教育工作的中坚力量,没有高水平的师资队伍,就很难培养出高水平的创新人才,也很难产生高水平的创新成果。"教师队伍的水平决定着一所大学的水平,做好高校人才工作,关键就是要建设一支高水平师资队伍。

党的十八大以来,我国高校教师队伍建设成就显著,在规模迅速壮大的同时质量也不断提高,部分学科人才比较优势稳步增强。但整体上我国高校教师队伍水平还存在较大提升空间,战略科学家、顶尖人才数量不足,一流科技领军人才和创新团队培养机制仍有待完善,教师育人水平和研究能力还不能很好适应党和国家事业发展需要和人民群众殷切希望。高校教师是文明赓续的传道者、民族复兴的筑梦人、学生成长的领航员、学术创新的主力军,对学生承担着传授知识、培养能力、塑造正确人生观的职责。高校要把师德师风建设摆在首要位置，建立师德师风和学风建设长效机制，坚持师德师风第一评价标准和教书育人第一学术职责，教育引导教师始终站在教书育人第一线，做学生为学、为事、为人的示范，做"四有"好老师。教育引导教师以成为"大先生"为目标，大力宣传表彰爱国报国、为党和人民事业作出突出贡献的优秀人才，给予潜心学术、倾心育人的教师以崇高荣誉和充分肯定。充分尊重教师在改革发展各项事业中的主体地位，弘扬尊师重教、崇尚科学、勇于创新的良好风尚，培植好人才成长的沃土，让人才根系更加发达，一茬接一茬茁壮成长。要有针对性开展专项行动，着力解决高校师德师风方面存在的突出问题，加强学术规范和学术道德教育，要求教师必须坚守职业道德、学术道德底线，对师德失范和学术不端行为"零容忍"并依规依纪严肃处理。

战略科学家和顶尖人才是人才中的"关键少数"，对于高校提升师资队伍建设高度和世界学术影响力具有关键作用。高校要突出"高精尖缺"导向，主动出击，通过各种方式开展海外人才招聘活动，坚持高层次人才引进工作"一把手工程"，为人才提供有国际竞争力和吸引力的环境条件，聚天下英才而用之。对世界顶尖人才，要努力做到引得来、留得住、用得好，发挥好示范效应。对顶尖人才给予特殊政策、特殊关注、特殊举措，量身定做教学科研支撑保障，细致入微解决生活困难问题，做到事业引人、平台助人、保障宜人、感情暖人。

四、支持人才向科学技术广度和深度进军

科技是推动历史前进的磅礴力量,人类历史上的每次科技革命和产业革命,都会引发世界科学中心和产业中心的转移,并重塑世界格局。习近平总书记强调,当前,我国进入了全面建设社会主义现代化国家、向第二个百年奋斗目标进军的新征程,我们比历史上任何时期都更加接近实现中华民族伟大复兴的宏伟目标,也比历史上任何时期都更加渴求人才。实现我们的奋斗目标,高水平科技自立自强是关键。

当前,世界新一轮科技革命和产业变革同我国转变发展方式出现了历史性交汇,我们面临着千载难逢的历史机遇,同时也面临着史无前例的严峻挑战。高校要面向世界科技前沿、面向经济主战场、面向国家重大需求、面向人民生命健康,自觉履行高水平科技自立自强的使命担当。要把学科建设作为发展根基,优化学科布局、厚实学科基础,建立健全学科专业动态调整机制,用好学科交叉融合的"催化剂",以更加灵活的机制加大对能够引领学科发展、实现学科交叉的人才引进培养力度,打破学科壁垒对人才的束缚,让人才创造活力竞相迸发。要深化科研组织体制机制改革,发展和完善大学创新体系,秉持"顶天、立地、树人"的科研宗旨,引导鼓励教师研究真问题,充分激发人才不断向科学技术广度和深度进军的积极性、主动性、创造性。

一流大学是国家基础研究的主力军和重大科技突破的策源地。一些技术研发及技术应用的竞争实质上是基础研究水平的比拼,一

些关键核心技术的发展往往要依靠基础研究的积累和突破。必须解决对基础研究重视不够和投入不足的问题,坚持对"无用知识"的探索,制定实施基础研究人才专项,给予基础研究人才更大的发展空间和宽松的政策环境,不断提升"从 0 到 1"的原始创新能力。

"卡脖子"关键核心技术往往具有战略性、垄断性、复杂性的特征,涉及复杂的知识结构和基础的技术理论,也涉及大量关键装备。解决关键核心技术问题往往需要长期高投入和高度协同的科研攻关。高校要发挥学科综合性优势,着力培养"卡脖子"关键核心技术攻关领军人才、创新团队,围绕国家重点领域、重点产业,完善产学研联合协同攻关体制机制,让人才在重大科研任务中施展才华、成就事业。

五、营造识才爱才敬才用才环境

习近平总书记强调,要深化人才发展体制机制改革。教育评价事关教育发展方向,有什么样的评价指挥棒,就有什么样的办学导向。要完善人才评价体系,加快建立以创新价值、能力、贡献为导向的人才评价体系,形成并实施有利于科技人才潜心研究和创新的评价体系。

20 世纪 90 年代以来,很多高校在教师人事制度改革方面开展了一系列积极探索,包括改革专业技术职务聘任制、人员聘用制度,设立岗位津贴制度等,对提升教师整体水平、优化教师队伍结构发挥了重要作用。与党和国家对人才的迫切需求相比,高校教师队伍建设还存在与学科发展目标的关联不够紧密，教师评聘、考核、待遇等制度设计单一，激励作用不强，为促进教师发展提供的支持不够多，青年教师成长空间不足等问题。高校要更加注重改革的先导性和突破性作用，持续发力破除人才培养、使用、评价、服务、支持、激励等方面的体制机制障碍，努力把制度优势转化为人才队伍建设的优势。高校要把深化改革作为强大动力，紧紧牵住改革的"牛鼻子"。完善教师队伍分类管理制度，根据岗位职责采用不同评价标准、匹配不同薪酬制度，促进人才各按步伐、共同发展。进一步优化聘任考核制度，进一步完善准聘长聘制度等教师任用管理方式，在全球竞争中提升人才队伍整体水平，为教师安心从事长周期、基础性、前沿性研究提供制度保障。根据学科特点制定人才队伍发展目标、改革方案、行动举措，加快形成更加有利于人尽其才的使用机制、各展其能的激励机制、脱颖而出的竞争机制。

要坚决破除人才评价唯论文、唯职称、唯学历、唯奖项的顽瘴痼疾，坚持"破""立"并举，构建重师德师风、重真才实学、重质量贡献的评价体系，将教书育人情况、学科领域活跃度和影响力、承担参与国家重大项目情况等纳入评价指标体系，避免简单以学术头衔、人才称号确定薪酬待遇、配置学术资源的倾向。建立学术成果分类评价指标体系和规范评价程序，基础前沿研究突出原创导向，社会公益性研究突出需求导向，应用技术开发和成果转化评价突出市场导向。探索实行代表作评价制度。建立学科交叉融合下的人才和学术评价体系，不搞"一刀切"，不用一把尺子衡量，给予跨学科优秀人才公正评价和有效激励，让有真才实学的人才英雄有用武之地。深化学生评价改革，完善以促进全面发展为目标的评价制度，突出以德为先、分类激励的评价导向。改革研究生学位评价标准，不再把"数论文"作为研究生申请学位的前提条件，加强研究生学位论文质量全过程管理，确立研究生学位评定"破五唯、立质量"的基本制度框架。科学看待社会上各类大学排名，更加注重内部评价的导向作用，以扎扎实实的办学成就，实现内涵式高质量发展。

要增强服务人才意识和保障人才能力，不断提高学校行政管理效能和治理水平。做好团结、引领、服务工作，真诚关心人才、爱护人才、成就人才。力戒官僚主义、形式主义，树立以师生为中心理念，聚焦世界一流大学建设、聚焦高校主责主业，深化行政管理改革，强化行政管理部门的协调服务职能，优化机构设置，构建完善科学合理的经费管理和资源配置方式，持续推进管理服务平台建设，让师生"只推一扇门"，让"数据多跑路、师生少跑腿"，打通"最后一公里"。建立和完善职工队伍人力资源管理的岗位体系、评价体系、激励体系、发展体系，全方位培育爱校爱岗、敬业奉献、团结协作、争创一流的职工文化，建设专业化、职业化的高素质管理服务队伍。

《求是》（2021 年第 24 期）

建设世界重要人才中心和创新高地

★ 拓展阅读

培养担当民族复兴大任的时代新人

教育是国之大计、党之大计。今天,我们比历史上任何时期都更加接近实现中华民族伟大复兴的宏伟目标,对卓越人才的渴求比以往任何时候都更为迫切。高校要从党和国家事业发展全局的高度,坚守为党育人、为国育才,把立德树人融入思想道德教育、文化知识教育、社会实践教育各环节,肩负起培养担当民族复兴大任的时代新人的使命。

坚持党的全面领导。我国的高校是党领导下的高校,是中国特色社会主义高校。加强党对高校的领导,加强和改进高校党的建设,是办好中国特色社会主义大学的根本保证。党中央高度重视加强党对高校的全面领导和高校党的建设,作出一系列重大部署,为做好新形势下高校党建和思想政治工作指明了前进方向。我国高等教育承担着人才培养、科学研究和社会服务等重要功能,其发展方向同实现第二个百年奋斗目标、实现中华民族伟大复兴的中国梦紧密相

连,履行好培养担当民族复兴大任的时代新人的使命,必须坚持党的全面领导。高校党委必须把党的领导贯穿办学治校、教书育人全过程,履行管党治党、办学治校的主体责任,坚持党管办学方向、党管改革,充分发挥党委的领导核心作用,确保正确办学方向。充分发挥高校基层党组织战斗堡垒作用和党员先锋模范作用,强化党建引领,推动党建工作和业务工作深度融合。

善用"大思政课"。思政课是落实立德树人根本任务的关键课程,办好"大思政课",必须胸怀"国之大者",把思政课放在世界百年未有之大变局、党和国家事业发展全局中来看待,从坚持和发展中国特色社会主义、全面建设社会主义现代化强国、实现中华民族伟大复兴的高度来对待,着力培养担当民族复兴大任的时代新人。坚持思政课建设与党的创新理论武装同步推进,用习近平新时代中国特色社会主义思想教育人,用党的理想信念凝聚人,用社会主义核心价值观培育人,用中华民族伟大复兴历史使命激励人,引导青年学生全面客观认识当代中国、看待外部世界,从党的百年奋斗重大成就和历史经验中汲取智慧和力量,自觉把个人理想追求融入国家和民族的事业中。深度挖掘高校各学科门类专业课程蕴含的思想政治教育资源,构建全面覆盖、类型丰富、层次递进、相互支撑的课程体系,使各类课程与思政课同向同行,形成协同效应。注重理论与实践相结合,推动思政小课堂、社会大课堂和网上云课堂互联互动,让青年学生走进社会、深入生活、关注现实,引导学生立鸿鹄志、做奋斗者。

建设高素质教师队伍。建设政治素质过硬、业务能力精湛、育

如何 建设世界重要人才中心和创新高地

人水平高超的高素质教师队伍，是大学建设的基础性工作。教师重要，就在于教师的工作是塑造灵魂、塑造生命、塑造人的工作。高校要抓好师德师风建设，坚持教育者先受教育，建立完善全方位、多层次的教师培训与发展体系，教育引导广大教师自觉用党的创新理论最新成果武装头脑，始终践行政治要强、情怀要深、思维要新、视野要广、自律要严、人格要正的要求，以德立身、以德立学、以德施教，既做"授业""解惑"的"经师"，又做"传道"的"人师"，努力成为先进思想文化的传播者、党执政的坚定支持者，努力培养担当民族复兴大任的时代新人。整合教学资源，完善日常教育体系，搭建思想政治工作交流平台，引导思政课教师、专业课教师和学生辅导员依托平台开展业务探讨、经验交流，发挥科研、管理、服务等的协同育人效应。

★ 一线观察

练就干事创业过硬本领

面对新形势新任务，国家治理对专业化、专门化、精细化要求越来越高。年轻干部要经风雨、见世面，真刀真枪锤炼能力，必须加强专业训练。当前，广大年轻干部在课堂中学，在实践中学，向群众学习，不断提升专业素养、丰富专业知识、提高专业能力、增强专业本领，练就干事创业的过硬本领。

在教育培训中学用相长，将学习成果运用到实践中

元旦刚过，陕西宝鸡市委副书记段小龙就来到岐山县蔡家坡镇唐家岭村，向群众详细了解"厚地堆肥模式"的成效、规模等情况。

开展调研、召开座谈会、指导部门多方联动……段小龙带队对该技术的推广模式、效益和前景、市场机制等进行了充分评估，研究推动发展的"政策包"。通过农技支持、工艺改进等多种方式，"厚地堆肥模式"得到进一步深化，农村废弃资源实现了循环利用，促

进了农业的绿色发展，走出了一条多方共赢的城乡善治之路。

"现在工作中的很多方法、思路，都是参加中国浦东干部学院进修班获得的。"段小龙说。2021年9月，中国浦东干部学院举办了"提高城市治理水平进修班"，对来自全国各地的30多位市委副书记进行了为期2个月的培训。

段小龙正是这次进修班的一员，翻开他密密麻麻的课程表，既有理论学习，讲授全面推进乡村振兴、城市规划、基层党建、战略思维与领导力建设等内容；也有外出实践考察，安排了4个小组分赴合肥、徐州、丽水、宁波等地调研；还有很多专题讲座，请的都是各方面富有实践经验的领导干部为学员授课。

"学得有滋味、有收获，这是一次增强工作本领、提升专业素养的集中充电。"段小龙说，通过学习，自己在工作中推动农村改革发展、攻坚处突、社会治理等本领更强了、信心更足了。

巩固拓展脱贫攻坚成果，全面推进乡村振兴这篇大文章，是时代的课题，考验着广大基层干部。"只有时刻把以人民为中心的发展思想贯穿到农业农村工作全过程，把专业训练的成果深化运用到乡村振兴实践中，才能找到抓落实的方法，增强促振兴的本领，提升服务群众的水平。"段小龙说。

"通过教育培训，要切实提高广大干部特别是年轻干部解决实际问题的能力。"中国浦东干部学院教研部副主任刘哲昕说，学院致力于办好办精各类专题研讨班，通过现场教学、情景模拟、访谈式教学等多种方式，不断总结与呈现鲜活案例，将感人肺腑的奋斗故事搬上课堂，让来自不同地方、不同岗位的年轻干部在交流碰撞中彼此借鉴、相互启迪，促进他们不断成长成才。

在干中学、学中干，努力成为业务工作的行家里手

制定年度育种工作方案、讨论规划试验田生产布局、指导农户选购良种……春意渐浓，黑龙江省农业科学院绥化分院水稻品质育种所所长高世伟忙个不停。"人误地一时，地误人一年，可不敢躲懒偷闲！"高世伟说。

高世伟今年36岁，大学毕业后就来到绥化市从事水稻育种工作。"参加工作头几年，最缺的就是实践经验。水稻生长季，我一般提前1小时到试验田，观察记录植株表型性状；秋收过后，又主动申请到海南参与南繁实验。"高世伟认定一个道理：勤能补拙。

不到5年时间，高世伟就从一个科研新兵成长为团队技术骨干。工作10多年，高世伟和团队共选育水稻新品种28个，累计推广面积超过9200万亩，增收稻谷约46.5亿公斤，新增社会效益156亿多元。

从2015年开始，高世伟成为黑龙江省科技厅任命的科技特派员，负责联系水稻种植大县绥滨县。"不只是推广良种，还要根据不同品种，传授不同栽培方式和田间管理知识，让农民选对种、多打粮。"高世伟说。

"生活水平提高了，相对于'吃得饱'，市场消费更青睐于'吃得好'。"高世伟敏锐调整育种攻关目标，由注重高产向注重优质转变。2021年，高世伟和团队选育的优质高产水稻品种"绥粳309"通过审定，"小面积生产试验结果显示，'绥粳309'食味值在85分

左右，亩产在 1100 斤以上，且抗倒伏，适宜机械化收割"。

2021 年底，高世伟担任水稻品质育种所所长，把更多精力放在了培养年轻科研人员上。"绥化分院组建了青年学术委员会，定期开展业务交流座谈，相关领域专家现场答疑解惑，不仅对大家的科研大有裨益，还激发了年轻同志干事创业的激情和闯劲。"高世伟说。

"我们为年轻干部建立成长档案，实行'轨迹化'管理和'一帮一'导师帮带制度，传授工作经验办法，让年轻干部在干中学、学中干，成为业务工作的行家里手。"绥化市委组织部常务副部长杨国宁介绍。

在跨领域交流、多岗位历练中积累经验、补齐短板

"咱再加把劲儿，还有 8 栋农房、400 亩土地，一定要妥善处理，解决好被征迁群众的后顾之忧。"作为街道办事处主要领导的万世华，在江西省南昌市红谷滩区生米街道召开的一次会议上，统筹推进重大重点项目，其业务能力得到在场干部的肯定。

刀在石上磨，人在事上练。万世华担任过副镇长，又在司法局、信访局工作过，从基层干部到机关领导，再重回基层担任政府领导，组织让他在不同领域锻炼，积累经验、补齐短板。

"在司法局的工作经历，让我在处理问题时能贯穿法治思维；在信访局的工作经历，让我认识到群众工作要设身处地为群众解难题。"2021 年，36 岁的万世华调任生米镇党委副书记、镇长，新的岗位带来了新的挑战。

上任后碰到的第一个难题，就是一个剧院项目的征地、拆迁问

题。"虽然之前也在其他乡镇工作过,但主要负责旅游方面工作,项目征地拆迁经验不足,能力有短板。"为弥补不足,万世华连日带领干部走访群众,让村民代表共同参与,解决了百姓的后顾之忧。仅用一周时间,就完成了项目拆迁工作,一年来共完成拆迁15万余平方米,征收土地3000余亩,为一大批省市重点项目的落户保障了用地。

1月17日,生米镇撤镇设街道,曾经被戴上"偏、远、穷"帽子的地方,如今成为南昌市"南延西拓"的核心区域。经过锤炼,万世华逐渐展现出复合型领导的才能。"从贫穷落后走向高速发展,面临着思想解放、改革创新、项目建设等挑战,这要求自己既要带好队伍、做好群众工作,也要抓好经济发展、城市建设。"万世华说。

万世华的成长轨迹是南昌市加强年轻干部培养的一个缩影。南昌市委组织部干部教育科科长王加保介绍,从2012年起,南昌市连续10年选派了775名年轻干部奔赴一线和复杂岗位进行实践锻炼,通过跨领域交流培养、多岗位历练等方式锻造高素质专业化年轻干部,帮助年轻干部成长成才。

 建设世界重要人才中心和创新高地

> 先知先觉

牢固确立人才引领发展的战略地位

世上一切事物中人是最可宝贵的,一切创新成果都是人做出来的。硬实力、软实力,归根到底要靠人才实力。科技发展史已经证明,谁拥有了一流创新人才和一流科学家,谁就能在科技创新中占据优势。因此,要牢固确立人才引领发展的战略地位,全面聚集人才,着力夯实创新发展人才基础。

科学技术是第一生产力,近代以来世界科学技术发展史表明,人才对于国家科技创新和经济社会发展的极端重要性。当今世界,全球科技创新进入空前密集活跃的时期,新一轮科技革命和产业变革正在重构全球创新版图、重塑全球经济结构。大数据、物联网、机器人、人工智能、生物科技、量子信息等新技术新产业风起云涌,这些高新科技领域都迫切需要大量专业的高科技人才。唯有充分激发激活他们的创新创造聪明才

智,才能把握住这千载难逢的历史机遇,加快追赶国际先进水平,建设世界科技强国。

牢固确立人才引领发展的战略地位,要聚集人才。"人材者,求之则愈出,置之则愈匮。"各级党委政府唯有拿出识才的慧眼、爱才的诚意、用才的胆识、容才的雅量,真心实意招才引智,切实做到"寻觅人才求贤若渴,发现人才如获至宝,举荐人才不拘一格,使用人才各尽其能",建立科学有效的选人用人机制,形成良好的用人导向和制度环境。

牢固确立人才引领发展的战略地位,要用好人才。人才特别是高科技领域的领军人才,是党和国家的宝贵财富,对他们必须要充分尊重。当前我国科技领域还不同程度存在人才管理制度还不适应科技创新要求、科研经费使用和管理方式不尽合理、人才评价标准不够全面科学等问题,我们要着力改革并完善这些制度规范,打破捆住科学家手脚的繁文缛节,充分激发各类人才的创新活力。

创新之道,唯在得人。我国广大科技工作者要勇于担当,迎难而上,肩负起历史赋予的重任,勇做新时代科技创新的排头兵。各级党委政府要在创新实践中发现人才、在创新活动中培育人才、在创新事业中凝聚人才,聚天下英才而用之,让更多千里马竞相奔腾,为我国建设世界科技强国、实现中华民族伟大复兴奠定更坚实的人才支撑。

如何 建设世界重要人才中心和创新高地

坚持人才引领发展的战略地位

罗 旭

"在百年奋斗历程中,我们党始终重视培养人才、团结人才、引领人才、成就人才,团结和支持各方面人才为党和人民事业建功立业。"习近平总书记在中央人才工作会议上发表重要讲话指出。

千秋基业,人才为先。党的十八大以来,以习近平同志为核心的党中央作出人才是实现民族振兴、赢得国际竞争主动的战略资源的重大判断,作出全方位培养、引进、使用人才的重大部署,推动新时代人才工作取得历史性成就、发生历史性变革。

我国人才工作站在一个新的历史起点上。"聚天下英才而用之"的伟大实践,正在改写中国的未来。

大兴识才爱才敬才用才之风

无须耕种，在工厂里，用二氧化碳加上水和电就可以源源不断"生产"出淀粉，是不是很神奇？

9月23日，中科院天津工业生物技术研究所发布最新成果——在国际上首次实现二氧化碳到淀粉的从头合成，相关研究成果9月24日在线发表于《科学》杂志。

这项研究工作是典型的"从0到1"的原创性成果，完全颠覆了传统的淀粉生产方式，不仅对未来的粮食生产具有革命性影响，而且对全球生物制造产业的发展具有里程碑式意义。

习近平总书记强调"科技自立自强"。科技兴则民族兴、科技强则国家强，全面建成社会主义现代化强国，历史的接力棒正交到新一代科技工作者的手中。

1984年出生的付巧妹，已是古DNA研究的领军人物，在破译世界最古老的现代人基因组等研究领域取得重大突破。2020年9月11日，在习近平总书记主持召开的科学家座谈会上，付巧妹汇报了她的最新科研进展。

人才是第一资源。科技创新，离不开创新人才。

从李四光、钱学森、钱三强、邓稼先等一大批老一辈科学家，到陈景润、黄大年、南仁东等一大批新中国成立后成长起来的杰出科学家，习近平总书记在多个场合，都亲切地提起这些名字。

党以才兴，国以才立。我们党能够从最初只有50多名党员，发展成为今天拥有9514.8万名党员、486.4万个基层组织的世界最大执政党，根本原因就在于我们党高度重视人才、广泛吸纳人才、善于使用人才，为党和国家事业发展提供坚实人才保障和智力支撑。

"济济多士，乃成大业。"在以习近平同志为核心的党中央领导下，我国深入实施人才优先发展战略，加快从人才大国向人才强国迈进。培养好、吸引好、使用好各类人才，迅速成为各地各部门工作的重中之重，人才事业发展快马扬鞭，人才队伍创新创业活力充分涌动。

深化人才发展体制机制改革

2021年3月，川渝人社部门联合发文明确，持有两地人社部门颁发的高级职称证书的专业技术人才，在跨地区、跨单位流动时，无须重新评审或确认，由用人单位按需择优自主聘任（用）。

党的十八大以来，习近平总书记对人才事业发展和人才队伍建设作出一系列重要指示，反复强调要建立集聚人才体制机制，聚天下英才而用之。

一场人才发展体制机制改革的大幕，在中华大地徐徐拉开。

2016年2月，中共中央印发《关于深化人才发展体制机制改革的意见》，剑指禁锢事业单位已久的体制内外壁垒，全面发力加快推进人才培养、评价、流动、激励、引进等重点领域和关键环节的改革，为人才发展注入强大动能。

在中央政策指引下，哈尔滨工业大学航天学院教授谭立英于2016年牵头成立哈工大卫星激光通信技术股份有限公司，注册资金

2亿元，其中科研成果知识产权作价入股1.332亿元。哈工大还决定，将85%的知识产权收益奖励给谭立英科研团队。

合理合法享有创新收益，让科研人员的创新活力倍增。2017年4月，载有谭立英团队制造的激光通信终端的高轨卫星发射入轨，成功进行了国际首次高轨卫星与地面间双向5Gbps高速激光通信试验。这标志着我国在空间高速信息传输这一航天战略尖端领域站在了世界之巅。

春来无处不花香。党中央的运筹谋划，带动各地各部门积极推动人才工作领域改革，以政策突破促进体制机制创新，不断优化人才发展环境。2017年，国家外国专家局等三部门启动实施人才签证制度，为高层次人才来华开辟"绿色通道"。2018年2月，中办国办印发《关于分类推进人才评价机制改革的指导意见》，提高评价的针对性和精准性。2019年，科技部、教育部、人社部等五部门联合开展清理"四唯"专项行动。2019年12月，中办国办印发《关于促进劳动力和人才社会性流动体制机制改革的意见》，破除妨碍人才流动的障碍和制度藩篱。2021年8月，国办印发《关于改革完善中央财政科研经费管理的若干意见》，赋予科研人员更大的经费管理自主权，进一步为创新"松绑"。

体制新，人才聚；机制顺，活力增。

持续深入的人才发展体制机制改革，为育才、引才、聚才、用才打牢了坚实基础，彰显了党和国家识才爱才用才容才的诚意，有力推进中国特色社会主义伟大事业不断夺取新的伟大胜利。

如何 建设世界重要人才中心和创新高地

充分发挥人才第一资源的作用

2021年3月14日,江苏昆山发布一系列人才科创新政,其中头雁顶尖人才最高可获2亿元支持,双创高层次人才最高可获5000万元支持。

科技创新离不开科研经费的支撑。全社会研发经费投入,是一个国家和地区科技投入的重要构成,是衡量科技投入的重要指标,也是观察和分析科技发展实力和竞争力的重要指标。

"十三五"期间,我国科技实力跃上新台阶,全社会研发经费支出从1.42万亿元增长到2.44万亿元,研发投入强度从2.06%增长到2.4%,位居世界第二,超过欧盟最发达的15国平均水平。

科研经费大投入,迎来创新成果大迸发。"十三五"期间,我国科技创新实力从量的积累迈向质的飞跃,从点的突破迈向系统能力提升。从嫦娥五号"上九天",到"奋斗者"号"下五洋",从高铁、5G培育新增长极,到大数据、人工智能赋能高质量发展,从量子、干细胞研究深入"无人区",到"中国路""中国桥""中国核电"不断走出去……无论是基础研究、高新技术,还是成果转化、工程应用,重大创新竞相涌现。

世界知识产权组织发布的全球创新指数显示,我国创新能力综合排名从2015年的第29位跃升至2020年的第14位,是前30位中唯一的中等收入经济体。

当今世界的竞争,说到底是人才竞争、教育竞争。"激发各类人才创新活力,建设全球人才高地。"习近平总书记为人才事业发展指明方向。

当前,我国进入了全面建设社会主义现代化国家、向第二个百年奋斗目标进军的新征程,我们比历史上任何时期都更加接近实现中华民族伟大复兴的宏伟目标,也比历史上任何时期都更加渴求人才。"十四五"规划明确提出,贯彻尊重劳动、尊重知识、尊重人才、尊重创造方针,深化人才发展体制机制改革,全方位培养、引进、用好人才,充分发挥人才第一资源的作用。

一个精心爱惜人才、用心聚集人才的政党,是与时俱进、开拓创新的政党;一个热心发现人才、诚心使用人才的国家,是充满希望、富有活力的国家。

在以习近平同志为核心的党中央坚强领导下,日益壮大的人才大军必将以自立自强的磅礴伟力,驱动中国号巨轮向着中华民族伟大复兴的光辉彼岸加速前行。

《光明日报》(2021年9月29日)

如何 建设世界重要人才中心和创新高地

★ 拓展阅读

完善人才评价和流动机制

育才造士,为国之本。完善集聚人才的体制机制,要敢于向顽症痼疾开刀、打破体制壁垒,按照"小切口、大突破"的思路,完善人才评价和流动机制,形成人才助推经济社会发展、经济社会发展带动人才队伍建设的良性循环,为我国赢得国际竞争新优势提供坚实人才保障和智力支撑。

完善人才评价机制。公平公正的人才评价机制,是激发干事创业激情的保证,应从"重规模、重素质、重数量"转向"重质量、重能力、重贡献",紧扣"品德+能力+业绩"的评价标准,破除"唯论文、唯职称、唯学历、唯奖项"的人才评定标准,构建以创新能力、质量、实绩、贡献为导向的人才评价体系。同时,实施权限下放改革措施,赋予地方和企业等用人单位自主权,探索授权行业协会、领军企业和科研机构等主体进行人才评审,支持符合条件的高校、科研院所、医院、大型企业等单位自主开展职称评审。

完善人才流动机制。建立符合市场化要求的科技人员双向流动制度，畅通人才流通渠道。打破人才工作的地域限制，构建统一的人才大数据库和人才市场，形成区域共同的人才评价与互认机制；打造双向人才驿站、人才飞地等模式，通过各地互派干部挂职等手段来促进人才的合理流动，提高人才的流动效率和治理水平；提高人才流动的宽容度，支持和鼓励事业单位科研人员依规进行离岗创业与在职创业，允许技术人才从事兼职工作。允许高校、科研院所等设立流动性技术岗位，聘请招募有成功实践案例经验的企业家与技术代表担任顾问或从事兼职研究工作。

如何 建设世界重要人才中心和创新高地

> ★ 一线观察

着力优化人才发展环境

"上海有人才集聚效应,有宽容的科创政策,这是我来到上海的原因。"9月29日,2021海聚英才创新创业峰会启动现场,上海树图区块链研究院院长、加拿大多伦多大学助理教授龙凡表示。

当天,上海市相关部门发布海聚英才"千企万岗"高层次人才需求岗位目录、"揭榜挂帅"攻关项目目录等多项引才需求及创新举措。其中,仅海聚英才"千企万岗"高层次人才需求岗位目录就涵盖2944家用人单位、14122个岗位,覆盖金融、高端制造、生物医药、航空航天等众多领域。

近年来,上海深入贯彻落实"聚天下英才而用之"的方针,坚持人才引领发展的战略地位,人才优势正成为上海城市核心竞争力和软实力的重要体现。

上海市经营管理、专业技术等6类人才资源总量达675万人。

着力优化人才发展环境

上海获得国家科学技术奖占比连续 19 年保持 10% 以上，近年来上海科学家在《自然》《科学》《细胞》三大国际顶级学术期刊发表论文数量占全国总数超过 25%。

美国弗吉尼亚大学中国代表处首席代表欧君廷评价："无论是搞科研、做金融，还是从事人文探索，都能在上海找到一席之地。"

加快建设高水平人才高地，上海正着力优化人才发展环境，突出制度创新和先行先试。

分类推进人才评价机制改革。突出市场化，率先在集成电路、人工智能和生物医药等战略性新兴产业领域推动由领军企业等牵头制定人才评价标准。突出国际化，支持上海科技大学探索以常任教授制为中心，借鉴国际通行评价办法，建立重道德品行、重教书育人、重学术水平、重发展潜力、重国际公认的人才评价新体系。突出便捷化，畅通海内外优秀青年人才评聘高级职称的"绿色通道"。

推进科技成果转移转化。强化市场价值的激励效应，明确科技成果转移转化扣除直接费用后，净收入的 70% 以上可用于奖励个人和团队。

优化科研教学机构学术领导人员管理，充分释放高层次人才的创新活力。

保障落实用人单位自主权。取消一批在人才招聘、职称评审、人员流动等环节中的行政审批和备案事项，下放岗位聘任、考核评价、收入分配等管理权给用人单位，允许高校、科研院所在编制限额内自主引才、统筹用编。

让更多"千里马"奔腾于新时代，上海市委常委、组织部部长胡文容表示："上海将把创新创业的势头变得更旺，把引贤纳才之门打得更开，把品质生活之基筑得更牢，让人人在奋斗中出彩，让城市在人人出彩中永葆生机活力。"

>> 先知先觉

团结支持人才建功党和人民事业

"国家发展靠人才,民族振兴靠人才。"在百年奋斗历程中,中国共产党始终重视培养人才、团结人才、引领人才、成就人才,团结和支持各方面人才为党和人民事业建功立业。从提出"政治路线确定之后,干部就是决定的因素",到倡导"尊重知识、尊重人才",再到强调"人才是第一资源",百年大党求贤若渴、珍视人才的优良传统薪火相传,一代又一代优秀人才接续投身党和人民的伟大事业,在革命、建设、改革的壮阔历史进程中写下动人精彩的篇章。

一部中国共产党的奋斗史,就是一部集聚人才、团结人才、造就人才、壮大人才的历史。特别是党的十八大以来,以习近平同志为核心的党中央统揽伟大斗争、伟大工程、伟大事业、伟大梦想,作出人才是实现民族振兴、赢得国际竞争主动的战略

如何 建设世界重要人才中心和创新高地

资源的重大判断，作出全方位培养、引进、使用人才的重大部署，广开进贤之路、广纳天下英才，推动新时代人才工作取得历史性成就、发生历史性变革。党对人才工作的领导全面加强，人才队伍快速壮大，人才效能持续增强，人才比较优势稳步增强，我国已经拥有一支规模宏大、素质优良、结构不断优化、作用日益突出的人才队伍，我国人才工作站在一个新的历史起点上。

善于在总结经验中深化思想认识，善于在探索规律中打开工作局面，是我们党的优良传统和治理智慧。党的十八大以来，以习近平同志为核心的党中央深刻回答了为什么建设人才强国、什么是人才强国、怎样建设人才强国的重大理论和实践问题，提出了一系列新理念新战略新举措。习近平总书记在中央人才工作会议上作出精辟概括：一是坚持党对人才工作的全面领导，二是坚持人才引领发展的战略地位，三是坚持面向世界科技前沿、面向经济主战场、面向国家重大需求、面向人民生命健康，四是坚持全方位培养用好人才，五是坚持深化人才发展体制机制改革，六是坚持聚天下英才而用之，七是坚持营造识才爱才敬才用才的环境，八是坚持弘扬科学家精神。这"八个坚持"，明确了做好人才工作的根本保证、重大战略、目标方向、重点任务、重要保障、基本要求、社会条件、精神引领和思想保证，是我们党对我国人才事业发展规律性认识的深化，要始终坚持并不断丰富发展。

综合国力竞争说到底是人才竞争。人才是衡量一个国家综合国力的重要指标，必须增强忧患意识，更加重视人才自主培养，加快建立人才资源竞争优势。当前，我国进入了全面建设社会主义现代化国家、向第二个百年奋斗目标进军的新征程，我们比历史上任何时期都更加接近实现中华民族伟大复兴的宏伟目标，也比历史上任何时期都更加渴求人才。

党的十九届五中全会明确了到2035年我国进入创新型国家前列、建成人才强国的战略目标。做好新时代人才工作，必须坚持党管人才，坚持面向世界科技前沿、面向经济主战场、面向国家重大需求、面向人民生命健康，深入实施新时代人才强国战略，全方位培养、引进、用好人才，加快建设世界重要人才中心和创新高地，为2035年基本实现社会主义现代化提供人才支撑，为2050年全面建成社会主义现代化强国打好人才基础。

办好中国的事情，关键在党，关键在人，关键在人才。全面贯彻新时代人才工作新理念新战略新举措，推动党中央关于新时代人才工作各项决策部署落地生效，以识才的慧眼、爱才的诚意、用才的胆识、容才的雅量、聚才的良方，把党内和党外、国内和国外各方面优秀人才集聚到党和人民的伟大奋斗中来，让各类人才的创造活力竞相迸发、聪明才智充分涌流，我们就一定能为实现中华民族伟大复兴的中国梦提供坚强人才保证和智力支持。

加快建设世界重要人才中心和创新高地

吴 江

习近平总书记在中央人才工作会议上发表重要讲话,提出了新时代实施人才强国战略的总体目标,即"加快建设世界重要人才中心和创新高地",并且提出了 2025 年、2030 年、2035 年的三步走战略布局。这是为实现高水平科技自立自强、建设世界主要科学中心作出的重大决策,是新时代人才工作站在新的历史起点上的顶层设计和战略谋划,务必要深刻学习和领会好这一战略目标提出的重大意义。

探索中国特色人才发展新模式

当今世界,创新引领的科技革命日新月异,综合国力竞争说到底是人才竞争。

如何 建设世界重要人才中心和创新高地

习近平总书记强调，中国要强盛、要复兴，就一定要大力发展科学技术，努力成为世界主要科学中心和创新高地。

建设世界重要人才中心和创新高地，是为建设世界科技强国提供强大人才支撑。从2020年世界知识产权组织发布的最新榜单来看，我国的创新指数在全球排名中位列第十二名。但是，2020年《全球人才竞争力指数报告》研究表明，我国的人才竞争力仅排在132个国家中的第42位，主要是在吸引人才、职业技术技能两项指标上排名不够理想。

要实现高水平科技自立自强，归根结底要靠高水平创新人才。只有下大决心、花大气力、用大智慧把我国建设成世界重要人才中心和创新高地，在全球范围内吸引人才、留住人才、用好人才，勇于重构全球创新人才版图、重塑全球创新人才高地，才能实现科技自立自强的目标。

习近平总书记强调，加快建设世界重要人才中心和创新高地，必须把握战略主动，做好顶层设计和战略谋划。我们的目标是：到2025年，全社会研发经费投入大幅增长，科技创新主力军队伍建设取得重要进展；到2030年，适应高质量发展的人才制度体系基本形成，创新人才自主培养能力显著提升，对世界优秀人才的吸引力明显增强；到2035年，形成我国在诸多领域人才竞争比较优势，国家战略科技力量和高水平人才队伍位居世界前列。

三步走的战略构想，立足于世界新一轮科技革命和产业变革，同我国人才引领高质量发展的新格局同频共振，也着眼于更加激烈的全球人才竞争态势，与我国深化人才体制机制改革与时俱进。因此，一方面需要我们学习借鉴国际上的先进做法，大胆实践，分类分层推进。另一方面也需要根据我国科技创新的布局和现实条件，总结经验，以点带面，探索创新中国特色人才队伍建设新模式，以更高起点、更高层次、更高目标推进世界重要人才中心和创新高地建设。

打造人才引领创新发展新优势

建设世界重要人才中心和创新高地，人才工作面临着新形势新任务新挑战，需要稳扎稳打、循序渐进迈上 2025、2030、2035 这三个台阶。

第一个台阶是通过全社会研发经费投入大幅增长，人才自主培养能力不断增强，实现科技创新主力军队伍建设取得重要进展和顶尖科学家集聚水平明显提高。加大投入是大国科技研发竞争的重要指标。近年来大多数经济合作与发展组织成员国的研究与试验发展（R&D）投入强度普遍有所增长，我国连续 5 年 R&D 投入增长在两位数以上，位居世界第 12 位。相比美国、日本、德国 3% 以上的高投入水平，我国 2020 年的研发投入为 2.4%，经费总量约为美国的 54%，仍在追赶之中。世界高层次创新人才的集聚与 R&D 投入强度直接相关。同时，还有自主培养创新人才的能力问题，这是我国的短板。因此，第一步是要完善补短板的举措。

第二个台阶是适应高质量发展的人才制度体系基本形成，创新人才自主培养能力显著提升，对世界优秀人才的吸引力明显增强。

如何 建设世界重要人才中心和创新高地

要围绕国家推进攻关项目、突破关键技术、解决核心难题的战略需要，采取有力措施，加快造就一大批具有国际水平的战略科学家、科技领军人才、青年科技人才和高水平创新团队。人才竞争说到底是制度的较量，我国的人才制度体系有举国体制的政治优势，也有不适应高质量发展的短板。把政治优势转化为人才竞争的制度优势，才能符合建设世界重要人才中心和创新高地的要求。

第三个台阶是到 2035 年，形成我国在诸多领域人才竞争比较优势，国家战略科技力量和高水平人才队伍位居世界前列。当前，中国科学家全球影响力正逐渐提升。2020 年 11 月 18 日，科睿唯安发布了 2020 年度高被引科学家名单。尽管美国在名单中仍继续占据主导地位，但中国科学家人数激增，已经占据总数的 12.1%。我们正充满自信构建诸多领域的人才竞争比较优势，建成世界重要人才中心和创新高地。

简言之，赢得投入优势、构建制度优势、形成比较优势，这个三级跳过程，是深入实施新时代人才强国战略的重要步骤。

形成人才高地建设雁阵新格局

习近平总书记指出，加快建设世界重要人才中心和创新高地，需要进行战略布局。综合考虑，可以在北京、上海、粤港澳大湾区建设高水平人才高地。

这是一个坚持面向世界科技前沿、面向经济主战场、面向国家重大需求、面向人民生命健康的战略布局。

对标"十四五"我国经济社会发展目标和科技、产业等布局，综合区域经济发展水平、人才队伍规模质量、科技创新能力、国家战略性需求和基础设施建设等因素，结合现有国家级科创中心、自贸区、高新区、示范区等功能区建设，梯次推进世界重要人才中心和创新高地建设。在北京、上海、粤港澳大湾区建设高水平人才高地，在一些高层次人才集中的中心城市建设吸引和集聚人才的平台，开展人才发展体制机制综合改革试点。就是要充分发挥这些中心城市国际化程度高、文化兼容性强、事业发展平台大、高层次人才集中的优势，加快教育、科技、文化设施布局和建设，加大研发投入，加速创新业态培育，提升公共服务水平，开展人才政策改革创新试点，使之成为全国对外开放程度最高、创新活力最强、科技和人才成果最丰富的国家人才示范区。

同时，要集中国家优质资源重点支持建设一批国家实验室和新型研发机构，发起国际大科学计划，为人才提供国际一流的创新平台，加快形成战略支点和雁阵格局。

梧高凤必至，花香蝶自来。加快建设世界重要人才中心和创新高地，才能让更多千里马竞相奔腾于伟大时代。

《光明日报》（2021 年 10 月 10 日）

如何 建设世界重要人才中心和创新高地

★ 拓展阅读

把人才优势转化为高质量发展动力

"千秋基业,人才为本"。当今世界正经历百年未有之大变局,新冠肺炎疫情使这个大变局加速演进。与此同时,我国经济正处在转变发展方式、优化经济结构、转换增长动力的攻关期,实现高质量发展还有许多短板弱项。有效应对风险挑战,补齐经济高质量发展中存在的短板弱项,努力在危机中育先机、于变局中开新局,必须充分发挥我国人力资本和人才资源优势,主动谋划、多措并举,大力激发各类人才的创新创造活力,为经济高质量发展注入强劲动力。

推动经济高质量发展需要强大的人力资本和人才资源作为支撑。人才是第一资源。保持经济平稳运行、推动高质量发展、应对日趋激烈的国际竞争、培育我国经济发展新优势,都需要加速人力资本积累,主动塑造"人才红利",提高全要素生产率,增强经济发展的内生动力。制造业是立国之本、强国之基,是维护国家安全的重要基础。2008年国际金融危机爆发后，一些西方发达国家把发展制造业作为重要施政方向，有的还提出了"再工业化"等产业重振计划。2020年以来抗击新冠肺炎疫情斗争，更加凸显了强大制造业在抵御风险方面的突出作用。目前，我国制造业发展的质量和水平还不够高，一些领域关键核心技术还存在"卡脖子"问题，迫切需要充分发挥我国人力资本和人才资源优势，充分激发各类人才的创新创造才能，解决好制造业高质量发展中存在的各类问题，提升产业基础高级化、产业链现代化水平。人力资本和人才资源是强化创新驱动、抢占未来发展制高点的根本支撑。习近平总书记指出："创新是引领发展的第一动力""创新驱动实质是人才驱动"。近年来，很多国家都在发力抢占技术高地、加快相关产业布局，希望能够在新一轮科技革命和产业变革中占得先机。推动我国经济高质量发展，必须充分发挥我国人力资本和人才资源优势，不断优化人才发展环境、激发人才创造活力，积极布局具有战略意义的高科技产业，力争在新一轮科技革命和产业变革中抢占先机，为经济高质量发展夯实基础。

培养造就一大批具有全球视野和国际水平的战略科技人才、科技领军人才、青年科技人才和高水平创新团队。我国人力资本和人才资源优势在经济社会发展中的作用日益凸显，但仍需进一步深化改革，尽快突破制约人才优势发挥的体制机制瓶颈。要不断提升教育质量，提高人口素质。进一步加大学前教育投入力度，逐步提高学前教育财政投入和支持水平，主要用于扩大普惠性资源、补充配备教师、提高教师待遇、改善办园条件；完善职业教育教学相关标准，狠抓教学、教材质量，培育和传承好工匠精神；深化复合型技术技能人才培养培训模式改革，扩大职业教育培训规模；完善高等教育，进一步提高教育质量，提升国民高等教育程度；等等。加大人才培养力度，推动人才供给结构与经济发展更好匹配。突出经济社会发展需求导向，建立高校学科专业、类型、层次和区域布局动态调整机制；统筹产业发展和人才培养开发规划，加强产业人才需求预测，加快培育重点行业、重要领域、战略性新兴产业人才；注重人才创新意识和创新能力培养，探索建立以创新创业为导向的人才培养机制，完善产学研用结合的协同育人模式；发挥企业重要办学主体作用，鼓励有条件的企业特别是大企业举办高质量职业教育；完善国民健康促进政策，创新社会动员机制，健全健康教育制度，积极谋划、开发和利用老年人口资源，支持健康条件允许且有就业意愿的低龄老人"再就业"。优化人才资源配置。我国人才资源地区分布差异显著，中小城市人才支撑不足，部分地区人才流失严重，中西部地区高端人才匮乏成为制约区域发展的主要障碍。需强化对中西部地区的教育、医疗、科技以及管理干部等方面的人才支持力度，加快建立健全人才资源市场制度和适应地方发展实际需要的人才管理制度，解决人才资源在产业、区域等层面的错配问题。

　　为各类人才创新创业营造人尽其才、才尽其用的良好制度环境。充分激发人才的创新创造活力，需要强化体制机制保障。习近平总书记指出："要营造良好创新环境，加快形成有利于人才成长的培养机制、有利于人尽其才的使用机制、有利于竞相成长各展其能的激励机制、有利于各类人才脱颖而出的竞争机制，培植好人才成长的沃土，让人才根系更加发达，一茬接一茬茁壮成长。"要充分开发利用国内国际人才资源，主动参与国际人才竞争，完善更加开放、更加灵活的人才培养、吸引和使用机制，不唯地域引进人才，不求所有开发人才，不拘一格用好人才，确保人才引得进、留得住、流得动、用得好。落实就业优先政策，完善劳动力市场机制，健全就业信息双向沟通传输渠道和中介服务等，提高劳动力市场效率和匹配度，稳定就业率；加强逆周期调节，努力稳定经济增长，积极做好稳就业工作。营造宽容失败的科研环境，把宽容失败的理念融入家庭、学校和社会教育全过程，持续培育能创新、懂宽容的人才队伍；最大限度激发企业作为创新主体和创新平台的创新创造活力，充分发挥市场在资源配置中的决定性作用，更好发挥政府作用，促进资本、人才、信息等创新要素高效合理流动；积极出台鼓励创新的政策举措，完善创新支持、创新风险防范、创新失败退出和后续扶持等方面的制度和政策，大力弘扬企业家精神，鼓励和支持企业家发挥创新带动作用。

如何 建设世界重要人才中心和创新高地

★ 一线观察

让人才一心扑在研发一线

近年来,青岛市在人才引育留用中,注重通过搭建平台、开放场景、放权赋能等,引导企业充分发挥主观能动性,逐步构建起以企业为主体的全链条人才引育留用机制。

人才政策制定,充分尊重企业意见建议

2020年7月15日,一场别开生面的座谈会在青岛蔚蓝生物公司举行,青岛市委组织部、市人力资源社会保障局、市科技局、专家学者、企业代表齐聚一堂,商议产才融合政策。

青岛蔚蓝生物公司总裁陈刚作为牵头人,就政策初稿作了说明。这份《关于促进产才融合发展的若干措施》初稿,是由蔚蓝生物、歌尔声学等人才集聚度较高的企业,融合企业成功经验、引才聚才痛点难点、上百家企业意见建议等,最终在青岛市委组织部指导下完成。在陈刚看来,这一政策增强了青岛人才政策和企业发展间的

契合度。

如今,这项政策已在青岛落地,有效解决了人才政策与产业发展、项目落地"脱节"问题。陈刚说,措施中关于"人才金"的提法,就由青岛一家创投风投机构负责人提出。"人才金"是指专项支持人才项目发展、为人才赋能的政策性资金,打破了原有的财政资金支持模式,通过委托市场化机构运营,有效解决了"政府投不好、企业不愿投、人才没得投"的尴尬。

青岛市委常委、组织部部长于玉表示,青岛转变"大水漫灌"式政策制定逻辑,在政策拟定、落实、优化闭环运转中,充分尊重企业意见建议、回应企业发展需求。在宏观层面,聚焦全市重点产业,邀请人才集聚度高的企业拿出意见建议,政府负责合法性审查,将企业行之有效的做法、引才聚才的想法变成具体举措,在强化头部企业和领办人激励、促进产业高端人才集聚、加快成果转化与产业化应用等方面提出了系列创新举措。

此外,青岛市委组织部牵头相关部门"按需定制",着力解决现有政策"刚性有余、弹性不足"的问题,通过更加灵活、开放、高效的补充机制进行"兜底",精准支持企业发展。

企业在一线引进、培育、使用人才

2020年6月,官祥臻评上了青岛市C类高层次人才,可以享受和山东省级人才工程人选同等待遇。作为海尔"卡奥斯"工业互联网平台青岛区域总经理,如果仅看学历、头衔、称号,官祥臻原本机会不大,但正是由于青岛市新出台的"按薪定才"制度,让她这样的人才脱颖而出。官祥臻不但能享受子女入学、医疗保健等37项绿色通道服务，还能领取薪酬补贴。"这更加坚定了我留在青岛，开拓工业互联网产业的决心。"官祥臻说。

任职仅100多天，官祥臻就凭借在工业智能化方面的丰富国际经验，集聚起70多名高端人才，带领青岛区域链群先后完成了40多场战略签约，实现A轮融资9.5亿元。青岛高级专家协会秘书长、市委组织部人才工作处处长殷连刚介绍，所谓"按薪定才"，就是对企业给予人才年薪达到120万元、80万元、50万元的，分别认定为B、C、D类高层次人才，对应享受各类人才支持政策。谁是人才，让市场和企业说了算。目前，青岛以企业为主体，累计认定30余名"无头衔、无称号"的实战型人才。

评价方式转变的背后，是青岛对于人才理念认识的不断深化。青岛市委组织部副部长、市人才办主任吴学新认为，谁是人才，要多听听企业的意见。青岛充分发挥企业了解产业、熟悉市场、掌握技术的优势，将选才用才育才权交给企业，让企业在一线引进、培育、使用人才。鼓励企业"高薪聘高人"，出台高端人才薪酬奖补政策，对能够突破关键技术、引领产业发展、形成产业集群的产业高端人才给予薪酬补贴。

正是在这样的人才政策的引导下，职业经理人邴召荣加盟了青岛自贸激光有限公司，拥有丰富经验的他迅速填补了这家技术性企业在市场拓展等方面的短板。"青岛市把我列入'急需紧缺'产业人才，主动为我寻找合适的合作伙伴，形成了'科学家＋企业家'这样的创业组合，有效拓展了飞秒激光这一前沿技术的产业应用。"邴召荣说。

为人才发展提供全链条支撑

"今年我们得到了1500万元股权投资支持，组织部门又协调银行、保险、担保机构进行了评估，为我们提供了1000万元'人才贷'，这些资金支持大大助力了研发生产，我们对在青岛的发展前景充满信心。"青岛汇智领先科技有限公司总经理魏浩博士说，自己是青岛"投贷联动"赋能人才发展项目的受益者。

"人才成长发展，不仅要解决薪酬待遇、子女教育、住房医疗等问题，更要涵养人才发展生态，构筑起人才引育留用全链条机制。"于玉表示。以"投贷联动"赋能人才发展项目为例，青岛出台金融"20条"赋能人才发展，畅通资本链和人才链，建立"人才金""人才贷""人才板"等联动机制，营造了金融赋能人才创新创业发展的良好生态。

青岛自贸激光有限公司同样是人才发展"生态圈"的受益者。创始人曹博士来青岛创业伊始，便遇到了融资难、市场开拓难等问题。青岛不仅为他寻来了合作伙伴，更是采取设立政府补偿金和"资产抵押＋信用＋人才"组合贷方式，助力企业的独家技术从实验室走向了大市场，实现了从单一产品迈向产业链协同发展。

涵养人才发展生态，更要立足科技前沿，立足长远发展。青岛围绕高端创新人才集聚，积极支持山东大学（青岛）、中国海洋大学、中国石油大学（华东）、中科院海洋研究所等29所高校院所发展，建设了青岛海洋试点国家实验室、国家深海基地、国家高速列

如何 建设世界重要人才中心和创新高地

车技术创新中心等多个"国字号"创新平台，建成了青岛国际院士港、中国留学回国人员创业园、博士后创新创业园等一系列创业园区，以及1200多个专家工作站、169个博士后站（基地）、675家工程（技术）研究中心、680家企业技术中心等一批研发平台，为广大人才创新创业提供了有力的平台支持。

先知先觉

大力培育弘扬科学家精神

人无精神不立,国无精神不强。科学成就离不开科学家精神支撑。科学家精神是科技工作者在长期科学实践中积累的宝贵精神财富。全面建设社会主义现代化国家,必须充分发挥科技创新的重要作用,大力培育弘扬科学家精神。

科学家精神来自好奇心的驱动。牛顿受苹果落地启发发现地心引力,就是好奇心驱动的典型。苹果落地人们司空见惯,发现地心引力的关键不在这一自然现象而在牛顿,在于牛顿基于好奇心的敏锐观察和深入思考。科学探索通常需要"板凳甘坐十年冷"的精神,但科学家的内心往往是热血沸腾、充满好奇的。正因为对好奇的事物持续思考,阿基米德才会从浴缸里跳出来高喊"我发现了",门捷列夫才会在睡梦中找到元素周期表。

科学家精神还来自社会需要的驱动。当科学家意识到所从事的研究工作有重大社会价值时，就会产生无穷的动力。这种社会责任心的驱动力在紧要关头表现得尤为明显。1949年新中国的成立，掀起了留学生回国热潮。一大批科学家回国参加建设，他们心系国家和民族的命运，充分发扬以爱国主义为底色的科学家精神，肩负起包括研制"两弹一星"在内的一系列科研重任，为国家发展作出了历史性贡献。

实践证明，我国自主创新事业大有可为，广大科技工作者大有作为。新的征程上，我国广大科技工作者要以与时俱进的精神、革故鼎新的勇气、坚忍不拔的定力，面向世界科技前沿、面向经济主战场、面向国家重大需求、面向人民生命健康，把握大势、抢占先机，直面问题、迎难而上，肩负起时代赋予的重任，努力实现高水平科技自立自强！科学家精神不是少数人的专属特质，而应是广大科技工作者的共同追求。大力培育弘扬科学家精神，需要在以下两个方面下功夫。

重视培养创新能力。科学贵在创新，是在不断深化甚至推翻传统认识的基础上发展的。各学科基础知识的学习很重要，但创新能力的培养更重要。当科技工作者将更多精力投入高难度的创新创造中时，当更多青少年心怀创新梦想、树立创新志向、投入创新实践时，科学家精神将进一步得到培育弘扬，科技骨干力量和科技后备军将不断壮大，我国的科技创新能力和科技实力将得到进一步提升。

加强制度建设。建立健全科学有效的科研评价机制，重点关注那些埋头钻研、不计名利的科研工作者，保护其积极性，肯定和褒奖其贡献。在项目评价上，建立健全符合科研活动规律的评价制度，完善自由探索型与任务导向型科技项目分类评价制度，建立非共识科技项目的评价机制。在人才评价上，坚持"破四唯"和"立新标"并举，加快建立以创新价值、能力、贡献为导向的科技人才评价体系。

如何 建设世界重要人才中心和创新高地

弘扬科学家精神需要持之以恒

万劲波

在中国革命、建设、改革的各个时期,科技工作者在党的领导下树立起一座座科技创新的丰碑,形成了科学救国、科学报国、科教兴国、科技强国等鲜明的精神品格,铸就了"两弹一星"精神、新时代北斗精神、载人深潜精神、探月精神、载人航天精神等独特的精神气质,融进了中国共产党人的精神谱系,成为全社会和中华民族的宝贵精神财富。

2019年5月,中办国办印发《关于进一步弘扬科学家精神加强作风和学风建设的意见》(以下简称《意见》),提出要大力弘扬以爱国、创新、求实、奉献、协同、育人为核心内涵的科学家精神,要求"力争1年内转变作风改进学风的各项治理措施得到全面实施,3年内取得作风学风实质性改观"。今年是作风学风能否取得实质性改观的关键之年,但不应是弘扬科学家精神的终点,应认真总结落实经验，持之以恒弘扬科学家精神，铸牢科技创新的精神根基。

党的十八大以来，习近平总书记高度重视为促进科技事业健康发展凝聚强大精神动力问题，多次勉励院士群体和广大科技工作者大力弘扬科学家精神，主动肩负起历史重任。《意见》的颁布实施是对习近平总书记系列重要讲话精神的系统落实。近三年来，中央、部门和地方围绕《意见》实施，出台了相关法律政策和配套措施，科研诚信和作风学风建设制度化、法制化步伐明显加快，教育、宣传和科普工作卓有成效，树立了系列优秀科学家榜样，对广大科技工作者起到了示范引领作用，为增强文化自信和创新自信、实现高水平科技自立自强提供了强大的精神支撑。

应该看到，弘扬科学家精神的制度建设和改革成果更加成熟定型。党中央出台的《新时代公民道德建设实施纲要》《全民科学素质行动规划纲要（2021—2035年）》等相关文件及新修订的《科学技术进步法》，都对弘扬科学家精神、加强作风学风作出规定。坚持"四抓"定位，加快转变政府科技管理部门职能，深入推进科研领域"放管服"改革。"破四唯""立新标"并举，扎实推进科技评价制度改革。完善功勋荣誉表彰制度和科学技术奖励制度，对作出重要科技贡献的组织和个人给予表彰和奖励。建立常态化的学术不端查处、通报机制，筑牢学术道德底线。保障学术自由，保护科技工作者合法权益，营造追求真理、勇攀高峰、鼓励创新、宽容失败的良好学术氛围。

应该看到，弘扬科学家精神的政策要求和保障措施得到系统落实。相关部门和机构建立健全工作机制，通过多种方式落实《意见》要求。科技部在系列规划及政策制定中落实相关要求，组织编辑出版"科学家精神丛书",加大了学术不端查处通报力度;教育部出台或修订相关政策,推进科学家精神进教材、进校园,深化科技评价制度改革,坚决杜绝片面抢挖人才和教师;中科院建设一批弘扬科学家精神教育基地和示范基地,组建科学家精神宣讲团,组织系列报告会,出版《百位著名科学家入党志愿书》等图书;中国科协构建科技工作者之家,发出系列倡议,组织系列论坛、报告会及主题展览,出版《弘扬科学家精神——走近100位科技工作者》等图书。新华社、人民日报、中央广播电视总台、光明日报等主流媒体更加重视科学家精神宣传报道;2020年11月,国务院新闻办就"弘扬科学家精神 肩负新时代科技使命"举行科学家代表与中外记者见面会;2021年9月,中宣部就"科技报国 创新为民"举行科创领域党员代表与中外记者见面会;2021年,"时代精神耀香江"之百年中国科学家主题展暨月壤入港、仰望星空话天宫、大国建造主题展成功举办。新闻宣传力度显著加强,为加强作风学风和学术生态建设营造了良好社会氛围。

面对百年变局和世纪疫情,我国发展面临前所未有的风险挑战。更加需要我们弘扬以爱国和创新为底色的新时代科学家精神,进一步激励和引导广大科技工作者争做重大科研成果的创造者、建设科技强国的奉献者、崇高思想品格的践行者、良好社会风尚的引领者,为建设世界科技强国汇聚磅礴力量。《意见》落实预期将完成阶段性任务,但弘扬科学家精神和加强作风学风建设是一项久久为功的事业,仍然存在发展不平衡、不充分的结构性问题。

首先,各部门和机构积极落实《意见》要求,但行政化推进宣传工作的色彩比较浓厚，对青年科技工作者和本部门特色资源挖掘不够，开放共享工作力度需进一步加强，统筹协调、分工合作机制仍存在提升空间；其次，主流媒体显著加强科学家精神的传播，但对于占有较大流量、在普通受众特别是年轻人当中比较流行的新媒体平台覆盖程度还不够，针对性内容建设和多渠道展示形式仍有待创新；再次，科研诚信与伦理制度建设明显加强，但实施细则与配套政策相对滞后，与旗帜鲜明地表彰先进典型相比，对典型学术不端事件和存在较大争议的一些灰色地带的处理不够严厉、明确和及时；最后，部分机构基层的微生态仍然没有得到显著改善，学术民主的氛围不够浓郁，传统评审评价机制不利于青年科技人才脱颖而出。

未来5~15年是科技强国建设的关键时期，要将《意见》要求适当拓展、深化，纳入正在制定或实施的科技强国行动纲要及相关规划之中。针对新形势与新挑战，提出四点建议：

第一，建立部门和机构统筹协调、分工合作的推进机制，结合部门机构特色，挖掘新时代科学家精神资源，将科学精神和科学家精神系统融入基础教育、高等教育、职业教育和继续教育；第二，加强主流媒体与新媒体合作，发挥主流媒体内容制作科学性、专业性、权威性与新媒体大容量、实时性和交互性等优势，拓宽传播渠道，提升传播质量与效果；第三，统筹抓好弘扬科学家精神和加强作风学风建设工作，明确底线责任及突破底线后的处罚办法，坚持正面教育引导和负面规范约束并重，加强科学共同体自律与社会伦理、道德及法制他律；第四，加强科学共同体基层创新文化建设，营造学术民主、开放包容的"微生态"。坚持以科技创新质量、绩效、贡献为评价导向,引导科研人员坚守初心使命,研究真问题,真研究问题,通过"揭榜挂帅""赛马"等新机制,为青年科技人才脱颖而出创造更多机会。

《光明日报》(2022 年 03 月 03 日)

★ **拓展阅读**

重视"帅才"的培养使用与梯队成长

战略科学家是科技人才中的"帅才",是战略家与科学家的复合与叠加。战略科学家应当有三个标准:一是实践标准。人才以用为本。对战略科学家不能行政任命,而要坚持实践标准,在国家重大科技任务担纲领衔者中发现。战略科学家不能与世隔绝,而是注重学问的经世致用,对现实社会问题始终怀着高度关切,把论文写在祖国大地上。二是素质标准。战略科学家应具有深厚科学素养、长期奋战在科研第一线,把祖国的需要作为自己的研究方向;视野开阔,勇于站在时代和理论的最前沿,敏锐地把握世界科技发展大势和规律,敢于快速出击,勇于出奇制胜;心怀"国之大者",始终胸怀祖国、服务人民,把为国分忧、为国解难、为国尽责作为毕生追求。三是能力标准。战略科学家应基于科学、长于技术、善于谋划、敢于攻坚,具有超强的执行力;具有超强的前瞻性判断力,能够以富有前瞻和远见的眼光,开展具有引领性、战略性、颠覆性的研究;

如何 建设世界重要人才中心和创新高地

具有超强的跨学科理解能力，能够突破技术层面，突破行业视野，通过跨界复合、跨学科融合和跨地域融合，为国家谋划雄伟大略和千秋大业；具有超强的大兵团作战组织领导能力，具有一流的组织协调能力和战略实施能力，能够带领团队协同作战，在众多的科研人员和科学家中发挥帅才和领导作用；具有超强的应急能力，在国家需要、民族危难时，能够置个人利益和安危于不顾，挺身而出、大显身手。

当前，全球科技发展大环境更趋复杂动荡，各国正强化战略科技力量部署。我国要增强国家战略科技力量，实现科学的自立自强，必须不断完善战略科学家发现培养激励使用机制，加快建设世界重要人才中心和创新高地。

完善战略科学家的发现机制。我国经济社会发展和民生改善比过去任何时候都更加需要科学技术解决方案，都更加需要增强创新这个第一动力，用好人才这个第一资源。战略科学家作为我国战略人才资源的塔尖，要坚持面向世界科技前沿、面向经济主战场、面向国家重大需求、面向人民生命健康，勇于肩负起时代和人民赋予的历史责任，不断向科学技术广度和深度进军。各级党委政府和人才管理部门，应坚持需求导向和问题导向，善于给战略科技人才搭建施展才华的舞台，不断改善科技创新生态，持续激发创新创造活力，在中国特色社会主义伟大实践中发现培养更多的战略科学家。

完善战略科学家的培养机制。我国拥有世界上规模最大的高等教育体系，有各项事业发展的广阔舞台，完全能够源源不断培养造就大批优秀人才。坚持基础理论研究与应用研究相结合，引导广大科学家既夯实基础理论研究的基础，又能够跳出学术研究的圈子，注重理论转化和研究成果应用。坚持长远眼光，有意识地发现和培养更多具有战略科学家潜质的高层次复合型人才，形成战略科学家成长梯队。发挥国家实验室、国家科研机构、高水平研究型大学、科技领军企业的国家队作用，围绕国家重点领域、重点产业，组织产学研协同攻关，打造一流科技领军人才和创新团队。优化领军人才发现机制和项目团队遴选机制，实行人才梯队配套、科研条件配套、管理机制配套的特殊政策。培养大批卓越工程师，努力建设一支爱党报国、敬业奉献、具有突出技术创新能力、善于解决复杂工程问题的工程师队伍。把培育国家战略人才力量的政策重心放在青年科技人才上，支持青年人才挑大梁、当主角，造就规模宏大的青年科技人才队伍。

完善战略科学家的激励机制。培养引领时代、服务国家的战略科学家，需要建立科学完善的激励机制，树立正确的评价取向。对于战略科学家不要急于求成，不能急功近利，要给其自由研究的空间。建立以信任为基础的人才使用机制，允许失败、宽容失败，鼓励科技领军人才挂帅出征。为各类人才搭建干事创业的平台，构建充分体现知识、技术等创新要素价值的收益分配机制，让事业激励人才，让人才成就事业。优化人才表彰奖励制度，加大先进典型宣传力度，在全社会推动形成尊重人才的风尚。在全社会大力弘扬以"胸怀祖国、服务人民的爱国精神，勇攀高峰、敢为人先的创新精神，追求真理、严谨治学的求实精神，淡泊名利、潜心研究的奉献精神，集智攻关、团结协作的协同精神，甘为人梯、奖掖后学的育人精神"为内涵的科学家精神，在全社会形成尊重知识、崇尚创新、尊重人才、热爱科学、献身科学的浓厚氛围，为战略科学家的成长和涌现塑造良好的社会生态。

★ 一线观察

读懂科学家精神内核

2020年11月6日，为贯彻落实党的十九届五中全会精神，科技部组织召开了"弘扬科学家精神"座谈会，邀请"人民英雄"国家荣誉称号获得者、中国工程院院士张伯礼，中国科学院青藏高原研究所研究员、中国科学院院士姚檀栋，港珠澳大桥管理局总工程师苏权科，中国科学院国家天文台研究员、"天眼"（FAST）总工程师姜鹏，蛟龙号载人深潜团队代表、高级工程师李艳青，CAP1400第三代核电科研团队代表陈煜，登海种业科研团队代表陶旭东，新华社国内部科技室主任陈芳、光明日报高级记者金振蓉等代表共同围绕"弘扬科学家精神，树立良好学风作风"进行交流，热议科学家精神的内核。

"科学研究是一个养兵千日、用兵一时的创新事业"

"科学研究是一个养兵千日、用兵一时的创新事业。"张伯礼在座谈会上说，科技创新要为国所用。2020年2月，张伯礼和他的研究团队奔赴武汉抗疫一线，科技部等部门对新冠病毒应急科技攻关给予了大力支持。国家花数十年时间建成的多个国家医学重点实验室在疫情中迸发出强大的力量，在迅速确认病患"轻转重"的核心治疗指标、结合临床现象研究病毒症状和发病规律、及时筛选可用药品、开展新药研发工作等方面极大地推动了我国的科学抗疫。

姚檀栋介绍了以青藏科考精神为代表的科学家精神："一是艰苦奋斗，在高寒的环境下做出科研成果，没有坚强的意志做不出任何成果；二是勇攀高峰，作为国际上受到极大关注的地球第三极，如何让中国的青藏科考在国际上独树一帜，是自二十世纪七八十年代以来孙鸿烈等老一代科学家传承至今的科研追求；三是奉献自己，青藏科考每一个科学研究目标一定是为国家、为地区服务的，多年来，青藏高原科考为西藏、青海等地区的经济社会发展贡献了力量。"

"科学家要敢于完成世界一流的创新工程。"苏权科讲述了当代中国桥梁人历时八年成功建造港珠澳大桥的故事，"港珠澳大桥利用人工智能等技术建成了高度智能化的大桥，彰显了我国一流的桥梁建设能力。"

李艳青分享了我国深海事业创新发展的故事以及"严谨求实、团结协作、永攀高峰"的科学精神。

"在徐芑南院士等领军人物的带领下，中国载人深潜实现了从无到有，从有到多的飞跃，具有自主知识产权的蛟龙号载人深潜潜水器横空出世,实现了我国载人深潜技术的快速发展,中华民族'可下五洋捉鳖'的愿景成为现实。2017年至今,4500米载人潜水器深海勇士号已经连续安全下水超过150次,核心技术自主化、关键设备国产化是它最大的特色。"李艳青说。

将国家需要摆在科研工作的首要位置

陈煜将中国核电人强烈的家国情怀娓娓道来:"我国核电领域的老一辈科学家大多都参与了'两弹一艇'事业,在他们领导下成长起来的核电团队始终将国家需要摆在科研工作的首要位置,以建设核电大国、核电强国为人生目标。"

"团结协作也是我们重要的精神。"陈煜介绍,"每一个核电项目都是一个系统工程,需要成千上万台设备,数万人的系统合作参与,在这个过程中,中国核电人的优势在于积极发挥主动创新精神,从设备、材料、实验方法、软件等方面的全方位创新,团结协作,最终让自主研发的CAP1400示范工程成为中国核电技术在世界上领先的一个重要标志。"

"科学家需要无私奉献的精神。"姜鹏回顾了中国"天眼"建设的26年时光,"20多年来,一百多人的工程团队默默奉献,其间的艰辛可能只有已经逝去的南仁东先生和身处其中的自己人知道。FAST团队将在现有成果基础上继续推进项目,实现团队的诸多理想,展开新一代接收技术研究。"

"国家的粮食安全,就是我们种业科学家的奋斗目标。"陶旭东讲述了李登海院士开创中国玉米高产技术、赶超世界先进水平的攻坚之路，他们将中国玉米产量从20世纪的亩产不到300公斤提高到亩产1500公斤，为我国粮食安全作出了巨大贡献。

科学家是创新的先锋力量，媒体要讲好科学家精神的中国故事

陈芳说："在这个时代，我们也会问，为什么大家这么热切地来呼唤科学家精神？因为一个发展中的国家要占领世界科技制高点，不可能靠化缘要来核心技术，一个14亿人口的大国要迈向现代化，也不可能靠搭便车来改变命运。对我们新闻人来说，最重要的是如何抓住历史的关节点，在重要的时刻，在重要的工程中去展现科学家的群像，讲好他们身上的创新故事。"

"现在是百年未有之大变局的时候，每个国家的实力要靠创新。科学家是创新的先锋力量，他们冲在最前面。"金振蓉谈了自己对科学家精神的理解，她以自己曾到访的原子城为例，介绍了"两弹一星"科学家们在恶劣的环境里坚持攻关的故事，"他们以无私奉献的精神和使命感为国家创造了来之不易的安定环境，一代人有一代人的时代担当，在今天，弘扬科学家精神需要每一个科研工作者在新时代背景下肩负起自己的责任和使命。而我们新闻人有责任讲好科学家精神的中国故事。"

科技部副部长李萌在总结讲话中指出，我国科技事业所取得的每一个辉煌成就，都离不开科学家矢志报国、服务人民的高尚情怀和优秀品质，要完成好党的十九届五中全会规划的各项战略任务，离不开科学家精神的支撑和引领，李萌强调："新时代要有新时代科

学家的创造性劳动，要有新时代的科学发现、技术发明，也要有新时代的科学家精神，我们要把老一代科学家创造出来的精神财富发扬光大，并在内涵上深度拓展。新一代科学家要不断向科学技术的广度和深度进军，把科技创新事业融入中华民族伟大复兴的事业中。"

如何 建设世界重要人才中心和创新高地

>> 先知先觉

让更多优秀人才投入到乡村振兴中

牵牛牵鼻子，提衣提领子。乡村振兴，必须把人才振兴放在重要位置。近年来，我国乡村人才培育及人才队伍建设不断加强，但还面临着"引才难""育才难""用才难""留才难""认定难"等问题。补齐人才短板，必须强化乡村人才的"引育用留"全链条，让更多优秀人才投入到乡村振兴中。

"引得来"是基础。乡村人才"引得来"的关键，在于发挥政策"指挥棒"功能，加大聚才引智力度，实施"制度引才""机制引才""情感引才"，吸引各类人才返乡创业、反哺乡村，发挥"头雁"作用，激发农业农村发展内生动力。

"育得出"是关键。"育得出"的关键在于提升乡村基层干部素质，强化基层党建，确保择优竞争选用村党组织书记。通过技能培训、"老带新"等方式积极培育乡村人才，帮助引进的人才在当地安居乐业。

"用得好"是要旨。乡村人才"用得好",要旨在于加强组织管理,增强人才凝聚力、战斗力。应发挥基层党组织作用,通过"党建+"形式实现乡村人才组织化管理,搭建村落之间、城乡之间人才交流协作平台,增强乡村人才凝聚力。要采用高水平管理方式,营造优良有序的干事创业氛围,充分激发乡村人才干事创业动力。

"留得住"是重点。乡村人才"留得住"的关键,在于强化乡村人才的获得感、归属感、集体荣誉感,薪资待遇、晋升考核、生活保障等应优先考虑。构建人才判定标准、淘汰机制、考评体系,淘汰无用之人,留住有用之才,重用关键人才。

"筑牢精神底色"是"引育用留"乡村人才链的中心环节。人总是要有点精神的,在干部干好工作所需的各种能力中,政治能力是第一位的。有了过硬的政治能力,才能做到自觉在思想上政治上行动上同党中央保持高度一致。

解乡村振兴"人才之渴",要扎实做好乡村人才"引育用留"全链条整体强化,打造乡村人才凝聚的"引力场"、培育成长的"大基地"、施展才华的"大舞台",为全面推进乡村振兴提供人才支撑。

如何 建设世界重要人才中心和创新高地

培育更多乡村治理优秀人才

王国斌

习近平总书记强调:"激励各类人才在农村广阔天地大施所能、大展才华、大显身手,打造一支强大的乡村振兴人才队伍"。乡村治理人才是基层的"细胞",是基层建设的"一线力量",人才队伍建设关系到乡村振兴战略的实施效果。在巩固拓展脱贫攻坚成果的基础上,做好乡村振兴这篇大文章,培育乡村治理人才是一个重要环节。

党的十八大以来,我们在培育乡村治理人才方面做了很多工作,积累了丰富的经验。脱贫攻坚过程中,包括大学生在内的各类人才关注农村、走进农村、建设农村。他们文化程度高、思想活跃、眼界开阔、开拓创新意识强,有力提升了乡村治理质量和效率,为打赢脱贫攻坚战贡献了力量,也让乡村治理人才类型愈加丰富。近年来,各地的实践探索表明,"第一书记""新乡贤""大学生村官""三支一扶"人员等,能够利用自身人脉优势、信息优势和资源优势,在乡村产业发展、经营管理、法治建设、社会工作等方面发挥积极作用，为推进乡村振兴奠定了坚实人才基础。

巩固拓展脱贫攻坚成果同乡村振兴有效衔接，应该加快对乡村治理人才的培育，为走好新时代乡村振兴之路提供人才基础。《中共中央国务院关于实现巩固拓展脱贫攻坚成果同乡村振兴有效衔接的意见》提出，"延续脱贫攻坚期间各项人才智力支持政策，建立健全引导各类人才服务乡村振兴长效机制。"为此，应进一步深化人才培育实践，破除制约乡村治理人才培育的体制机制性障碍。同时，针对以往乡村治理人才培育存在渠道单一、培训对象有限等现象，应多形式多渠道拓展乡村治理人才的培训范围，把外出务工人员、高校毕业生、退伍军人等有意愿参与乡村治理的各类人才，纳入到培训范围之内，充实基层治理力量。

培育更多乡村治理优秀人才，要努力营造识才、爱才、敬才、用才的社会环境，让尊重科学、尊重知识、尊重人才成为一种社会风尚，鼓励各类治理人才投入乡村振兴的事业中，切实增强他们的自豪感、荣誉感，使他们"来者有其尊，优者有其荣"。乡村政策千万条，最终都得靠治理人才来落实。深化乡村治理人才培养、引进、管理、使用、流动、激励等制度改革，完善人才服务乡村激励机制，让农村的机会吸引人，让农村的环境留住人，才能夯实乡村治理人才基础，为全面推进乡村振兴、加快农业农村现代化提供有力人才支撑。

《人民日报》（2021年07月26日）

如何 建设世界重要人才中心和创新高地

★ 拓展阅读

为乡村振兴提供人才支撑

实施乡村振兴战略，农民是主体，人才是关键，要推动乡村人才振兴，把人力资本开发放在首要位置，强化乡村振兴人才支撑。人才振兴与乡村振兴之间是双向良性互动关系，如果没有人才支撑，乡村振兴只能是一句空话。

乡村人才振兴的关键，就是要让更多人才愿意来、留得住、干得好、能出彩，人才数量、结构和质量能够满足乡村振兴的需要。当前，人才短缺、人口空心化已成为乡村振兴的主要难题。破解这个难题，就要实行更加积极有效的人才政策，以识才的慧眼、爱才的诚意、用才的胆识、容才的雅量、聚才的良方，选好人才、育好人才、用好人才，为乡村振兴提供坚实的人才支撑。

实施乡村振兴，需要选好人才。乡村振兴是一篇大文章，需要各类人才来书写。推动乡村振兴，我们既需要培养科技人才、管理人才，也需要挖掘能工巧匠、乡土艺术家；既需要有号召力的带头人、有行动力的追梦人,也需要善经营的"农创客"、懂技术的"田秀才"。我们要切实地将人才理念放在关键环节和重要位置,广开进贤之路,广纳天下英才,引导各类人才投身乡村建设。在这一过程中,既要充实农村基层干部队伍,还要加强农村专业人才队伍建设,特别是扶持培养一批农业职业经理人、经纪人、乡村工匠等;既要发挥科技人才支撑作用,全面建立高等院校、科研院所等事业单位专业技术人员到乡村和企业挂职、兼职和离岗创新创业制度,还要吸引支持企业家、党政干部、专家学者、医生教师、律师、技能人才等,通过下乡担任志愿者、投资兴业、法律服务等方式服务乡村振兴事业。在各类人才的引进上,要创新引进机制,以更完善的人才引进制度,让更多的人才能够更方便地走进来,更大程度地汇聚人才。

实施乡村振兴,需要育好人才。如今,新产业、新业态不断涌现,乡村振兴所需要的人才也更为多元。我们要根据乡村振兴需要和农村实际,进一步加强农村专业人才队伍建设,培育造就更多新型职业农民。一方面,要创造条件,加强本地人才培育。比如,可以将专业大户、家庭农场经营者、农民专业合作社带头人等作为生产经营型职业农民培育对象,将具有一定技能的农业工人和雇员作为专业技能型职业农民培育对象,开展精细化培训,造就一批扎根农村的"土专家"和农业职业经理人等。另一方面,还要实施新型职业农民培育工程。要依托高等教育、中等职业教育资源,鼓励农民通过弹性学制接受中高等农业职业教育。特别要加强对新型农业经营主体带头人的培训,以专业大户、家庭农场经营者、农民专业合作社带头人、农业龙头企业负责人和农业社会化服务组织负责人等为主要对象，努力提高其综合素质和职业能力。

实施乡村振兴，需要用好人才。"环境好，则人才聚、事业兴。"要更好地推动乡村振兴，就需要为乡村人才发展营造良好环境，提供完善的政策支持软环境、良好的人才成长硬环境，更大程度地激发人才的活力。其中，要统筹用好政策创设、平台打造和示范带动"三大抓手"，进一步深化人才发展体制机制改革。要积极推动农村人才评价机制变革，破除唯学历、唯资历、唯论文、唯奖项倾向，树立实践导向的人才评价体系，为新型人才提供更好的条件和发展空间。要为农村各类人才做好服务，着力构建积极开放有效的政策环境、支持创新创业创造的工作环境、营造尊才爱才敬才用才的社会环境，激励各类人才在乡村大施所能、大展才华、大显身手。

总之，我们要用宽厚包容、人尽其才的环境，用蒸蒸日上、大有可为的前程，让愿意留在乡村、建设家乡的人留得安心，让愿意上山下乡、回报乡村的人更有信心，聚起乡村振兴所需的人才要素，让农业成为有奔头的产业，让农民成为有吸引力的职业，让农村成为安居乐业的家园。

★ 一线观察

"头雁"领飞 振兴乡村

头雁先飞,群雁齐追。

西李村党支部书记刘继杰——
村里事 多协商

在济南市长清区文昌街道西李村,说起村党支部书记刘继杰,村民都个个称赞:老刘书记,治村有一套。

17年前,刚当书记时,老刘总是愁眉不展:"勺子哪能不碰锅沿儿?家长里短,邻里摩擦,常有!"既要鼓钱袋,还得富脑袋。老刘说,光拔穷根不够,还得把村民素质提上来,文明新风树起来。实现这些关键靠"三句话"。

西李村有18个胡同,设18名胡同长。胡同,是老刘治村的"微网格"。胡同长,是老刘选拔的能人。第一句话,就是"胡同里的事儿交给胡同"。

一天，老刘在微信群里发现有个姑娘微信签名挺奇怪："你生了我，我的生命却不属于你。"老刘琢磨，这事反常，便找到胡同长李兆华。

一聊，原来是姑娘谈了男朋友，母亲却不准俩人来往。姑娘一气之下，买来安眠药。老刘和胡同长"打配合"，一同劝说。"结果，终成眷属，都抱上娃娃嘞！"李兆华说。

小事不出巷，就找胡同长。"可有些事，并非是胡同长能解决的。"老刘说，这第二句话，就是"胡同外的事儿看村规"。

为订村规，老刘请教了不少专家，十易其稿，《西李村村规民约》最终形成。要想规范行动、约出新风，还得在人心上做文章。他将村规民约编印成册，发动党员入户宣传，让村规民约家喻户晓，成为大伙的行为"戒尺"。

老刘治村，第三句话是"大家的事儿交给大家"。多年前，村里修路，要拆除一些沿街民房。"没有一分钱补偿，但全部自愿搬离，还是书记的办法好。"村民刘欣说。好办法，靠的是民主协商。遇到大事小情，村党支部协调，定期举办议事会，大伙儿面对面坐下来，协商解决。

几年前，老刘编了一段话，挂在大街小巷："全村一个姓，名字叫西李。胡同是庭院，大街是客厅。村民是主人，文明是家业。"

亓家滩村党支部书记李丰——
助村民　兴产业

绕过数重弯，爬过几个坡，就到了泰安市泰山区省庄镇亓家滩村。村藏山间，却挺热闹。城里来的小汽车，一辆接一辆。村里人说，要说变化呐，还得感谢李丰书记。

"85后"的李丰，竟有不少白发！硕士毕业后，李丰在济南一家企业做管理。2015年，泰安市实施"育苗升级"工程，鼓励大学生返乡创业、回村任职。李丰在老书记鼓励下回到村里。

亓家滩曾是省定贫困村，贫困户年收入平均1000多元。李丰敲开贫困户家门，搬个小马扎，打开话匣子，百姓到底需要啥，咋就拔不了穷根？

原来，家家户户种猕猴桃，可村民不懂技术，亩产量不高。山地高差大，浇地也费劲。"扛着潜水泵，好不容易到水库。打开电闸，赶紧跑回地头，生怕水流走。"村民张锦水倒苦水。不仅如此，销路迟迟打不开。"推着小车，步行10多公里，运到集上卖。卖不出去的，眼睁睁地看着烂了。"李丰心里定下方向：破难题，兴产业。

兴产业，李丰有一套：她让种植户"拧成一股绳"，纳入合作社管理，引进新品种，推广新技术。浇地费劲，她为大家装灌溉设施。"你看，现在浇地多轻松。"在果园里，张锦水打开阀门，水顺着灌溉渠道流向田间。亩产翻了番，提到了三四千斤。

猕猴桃"喝"上山泉水，长得旺，也要卖得好。李丰带着几名年轻党员，成立"电商服务队"，教村民网上销售。她当主播，创办微店，直播带货，把猕猴桃卖向全国。去年，省庄镇的采摘节就在亓家滩办。老百姓都说，采摘节，盼啊盼，李丰书记办得好！

李丰站在村口，俯瞰整个亓家滩。"你看这边，串起山与湖，我们要建起观光旅游线路。亓家滩，要成为城市的后花园。"李丰手指

> 如何 建设世界重要人才中心和创新高地

远处……

谋家河村党支部书记李学海——
鼓干劲　同富裕

"穷不扎根，富不长苗。"

50年前，李学海带着母亲教的这句话，怀揣两毛钱，外出打拼。10年前，已是知名企业家的他，回村担任书记，心里念叨的还是这句话。现在的李学海，虽已67岁，依旧身板挺拔。

2010年，在地方干部动员下，先富起来的李学海决心回村，带领父老乡亲创业，但现实却让他犯难。安丘市辉渠镇谋家河村是山区，虽然风光秀美，但土地贫瘠，荒山野岭多，百姓要么外出打工谋生，要么以开山卖石为生。致富路在何方？

好山好水，不能糟蹋。李学海和镇上合计，决定靠项目带动百姓致富。留山峰峦九出，挺拔峻峭，镇上早有开发风景区的规划，苦于没有资金。

李学海想得深："只要有志气，没人注定贫穷。"以村干部为骨干，李学海成立农林集团，以生态体验、观光旅游、苗木种植、高效农业等为主导，把乱石岗、荒草坡建设成8万多平方米的景区。周边村民年收入达3万多元，百姓的日子一下子红火起来了。

很多村民从中发现机遇，有人办起了农家乐，有人在景区周边支小摊。"人气越来越旺，游客越来越多，瓜果蔬菜再也不愁卖了。"村民刘伟说，村里种的水晶梨，之前四处托人销售，现在很早就被游客订购一空，价格也比原来高出1/3。

看见大伙儿士气高涨，李学海又借势发展现代农业。他与村民一起注册成立合作社，让周围12个村的乡亲们"抱团"搭上致富"直通车"。针对失去劳动能力的村民，李学海通过土地变股金、资源变资金的方式，使无力耕种的村民每人年均增收500余元。

啥叫富不长苗？李学海说："地里的庄稼不会自己长出来，幸福的生活不会从天上掉下来。大家对于美好生活还有更高期待，我们不能停下来，要带领乡亲们继续往前奔！"

郭家沟村党支部书记徐祥新——
小山沟　喜变样

郭家沟村，村如其名，地处济南市莱芜区小山沟中。村党支部书记徐祥新，身材消瘦，却精神矍铄。一进村办公室，徐祥新没急着介绍工作，偏偏拉记者看起了报纸。

报纸名为《新郭家沟》，居然是这个小山村自己办的内部刊物，桌上摆着厚厚十几摞。细看其中内容，从村庄建设到乡风文明，从新闻报道到乡村文学，一应俱全。这张小小村报，一办就是11年。

1988年，徐祥新退伍后被安排到莱钢特钢厂，当起了驾驶员和调度员。1998年，他不顾家人反对，辞掉端了10年的"铁饭碗"，在村里建了山沟沟花生油厂。赚到钱后，徐祥新没忘记村里。谁家有个急事难事，他都出面帮助。2004年10月，全村24名党员推举徐祥新担任村党支部书记。

徐祥新没想到，自己接了个"烫手山芋"。当时，村集体账上只有7.64元现金，还有40多万元贷款。如何破局？徐祥新和班子成员带上村民上岭进沟，义务植树。一天中午，趁着休息，在栽树现场，他召开上任以来第一次村民大会。徐祥新立下誓言："3 年一定让咱郭家沟变个样！"一听这话，大家心里都攒上一股劲儿。大家经过两个多月奋战，在荒山秃岭上挖出 7 万多个树坑，全部栽上了扁桃。

在徐祥新看来，治村是个精细活，得拿出绣花功夫。翻看《新郭家沟》，每期都把党支部会议内容、财政收支等进行公示，发给每家每户。村民徐小平（化名）经常带头挑村里的毛病。徐祥新想出一个妙招，聘请他担任民主理财小组组长，专门监督村里的账目往来。干了一阵，徐小平脸上有些挂不住了，"以前不了解情况，如今村里的每一笔收支，都得俺们理财小组审查签字后才算数！"

"归根结底，还是要靠健全制度管人理事，靠公道正派树立新风，靠干事创业凝聚民心。"徐祥新说。

 先知先觉

加快创新人才体制机制

从一定意义上讲,人类社会发展的历程,也是一部各类人才迸发创造创新活力的进程。当今世界综合国力的竞争归根到底是人才的竞争、劳动者素质的竞争。谁拥有了人才,谁能充分释放人才的创造力,谁就赢得了竞争优势。而积聚和吸纳人才,激发和释放人才活力,科学的体制机制至关紧要。

构建遵循人才培养规律的体制机制。人才需要培养,但人才不可能在某一种模式下定点"生产"出来,伯乐选马是在赛马的环境中选择,不是定向"戴帽",更不能拔苗助长。营造宽松的充满活力的环境让人才自然脱颖而出,才是保持人才迸发的源头活水。

构建遵循人才行为规律的体制机制。促进经济社会发展的人才是多种多样的,科技研发人员、经营管理者、各行各业行

家里手等等，都是社会发展进步不可或缺的人才。他们各自成长和发挥作用的规律不尽相同，要以更加精细化的方式方法进行管理和激励。

构建遵循人才评价规律的体制机制。人才评价是一个系统工程，要构建以创新价值、能力、贡献为导向的人才评价体系，形成并实施有利于科技人才潜心研究和创新的评价体系。人才评价不能面面俱到，求全责备。创新就是打破既有模式，不能要求循规蹈矩；创新就是小概率事件，不能要求"春种一粒粟，秋收万颗子"。

创新人才体制机制需要充分解放思想，也需要坚定的战略定力。

构建人才创新生态系统

徐 芳

发展是第一要务，人才是第一资源，创新是第一动力。习近平总书记在中央人才工作会议上强调，要深入实施新时代人才强国战略，全方位培养、引进、用好人才，加快建设世界重要人才中心和创新高地。党的十九届五中全会提出，坚持创新在我国现代化建设全局中的核心地位，把科技自立自强作为国家发展的战略支撑。这些都为我们下大气力全方位培养、引进、用好人才，积极构建人才创新生态系统指明了方向和路径。

人才是衡量一个国家综合国力的重要指标。国家发展靠人才，民族振兴靠人才。同时，人才也是创新的根基，创新驱动实质上是人才驱动。谁拥有一流的创新人才，谁就拥有了科技创新的优势和主导权。要看到，建设国际科技创新中心是建设创新型国家的重要举措。所谓国际科技创新中心，是指在全球科技创新活动中占据引

如何 建设世界重要人才中心和创新高地

领和支配地位的城市或地区,将成为全球科技创新高地和新兴产业重要策源地。建设国际科技创新中心关键靠人才,如何构建基于创新、协调、绿色、开放、共享的人才创新生态系统,更好地激发人才创新创业创造活力,如何加快人才制度和政策创新,聚天下英才而用之,如何加快建立以创新价值、能力、贡献为导向的人才评价体系,形成有利于科技人才潜心研究和创新的评价体系,从而推动国际科技创新中心建设,这些都需要我们不断努力与探索。

第一,构建创新型人才培养生态系统。培养创新型人才是国家、民族长远发展的大计。要坚持长远眼光,有意识地发现和培养更多具有战略科学家潜质的高层次复合型人才,形成战略科学家成长梯队。要优化领军人才发现机制和项目团队遴选机制,对领军人才实行人才梯队配套、科研条件配套、管理机制配套的特殊政策。要造就规模宏大的青年科技人才队伍,把培育国家战略人才力量的政策重心放在青年科技人才上,支持青年人才挑大梁、当主角。"才者,材也,养之贵素,使之贵器。"要大力破除论资排辈、圈子文化,鼓励年轻人大胆创新、勇于创新,实行"揭榜挂帅""赛马"等制度,让青年才俊像泉水一样奔涌而出。

第二,构建多元主体协调融合的人才创新生态系统。在人才创新生态系统中,政府是制度创新主体;大学和科研机构是原始创新主体和人才培养主体;企业是价值创新主体;中介机构是服务创新主体;金融机构是创新投入主体;用户是创新应用主体。政府应通过制度创新,为激发人才活力营造良好的生态环境。要发挥国家实验室、国家科研机构、高水平研究型大学、科技领军企业的作用,围绕国家重点领域、重点产业，组织产学研协同攻关。高水平研究型大学应发挥培养基础研究人才的主力军作用，全方位谋划基础学科人才培养，建设一批基础学科培养基地，培养高水平复合型人才，努力构建中国特色、中国风格、中国气派的学科体系、学术体系、话语体系，为培养更多杰出人才作出贡献。要集中优质资源重点支持建设国家实验室和新型研发机构，发起国际大科学计划，为人才提供国际一流创新平台，加快形成战略支点和雁阵格局。

第三，构建绿色的人才创新生态系统。 创新生态应该拥有让人才"宜居"和"宜业"的高质量生活环境。绿色的人才创新生态系统包括人才的生活环境和区域的自然环境，是吸引和留住人才的重要保障。要坚持社区国际化、生态化与数字化的建设理念，构建满足人才生活工作需求的环绕式绿色生态系统，打造有利于国际前沿学术交流的资源平台，高标准建设符合科创人才需求的软件和硬件环境。

第四，构建开放的人才创新生态系统。 科学技术具有世界性、时代性，是人类共同的财富。国际科技合作是大趋势，发展科学技术必须具有全球视野，同样，构建人才创新生态系统也要用全球视野来谋划和推动。建设国际科技创新中心，要构建开放的人才创新生态系统，积极融入全球创新网络，努力打破制约知识、技术、人才等创新要素流动的壁垒，构筑集聚全球优秀人才的科研创新高地，营造一个鼓励知识创新、技术创新、服务创新、制度创新和文化创新的协同开放的人才创新生态系统。

第五，构建共享的人才创新生态系统。 在这一过程中，要构建充分体现知识、技术等创新要素价值的收益分配机制，让事业激励人才，让人才共享发展成果；要加强区域间网络化合作，实现人才和智力资源共享，进行资源整合，实现人才发展优势互补；要加强个体间、组织间、系统间网络化合作，鼓励协同行动，构建具有相互依赖性和共享性的治理结构；要积极优化完善服务网络，搭建国际科学组织联盟、国际合作联盟等，切实构建共享的人才创新生态系统。

整体上看，在建设国际科技创新中心的过程中，构建创新、协调、绿色、开放、共享的人才创新生态系统，要加强产学研用协同创新，优化人才创新的制度环境，坚持质量、绩效、贡献为核心的评价导向，建立健全符合科研活动规律的评价机制，加大对创新成果知识产权的保护。同时，还要加强政策宣传，对人才政策实施效果进行适时跟踪评价，不断激发人才的创新活力，让更多优秀人才在具有安全性、开放性、多样化、激发灵感、平等交流、大胆创新、共享奉献的平台中努力工作，为建设国际科技创新中心贡献智慧和力量。

《经济日报》（2021年10月15日）

★ **拓展阅读**

深化人才发展体制机制改革的实践路径

人才是实现民族振兴、赢得国际竞争主动权的战略资源。当前，我国进入了全面建设社会主义现代化国家、向第二个百年奋斗目标进军的新征程，伴随着新一轮科技革命和产业变革的蓬勃兴起，全球治理格局发生着深刻变化，综合国力竞争日益加剧，党和国家的事业发展对人才的渴求比历史上任何时期都更为迫切。深化人才发展体制机制改革需要从坚持党对人才工作的全面领导、根据需要和实际充分授权、完善人才评价体系、增强服务意识和保障能力四个方面着力。

坚持党对人才工作的全面领导

办好中国的事情，关键在党。在百年奋斗历程中，我们党始终重视培养人才、团结人才、引领人才、成就人才，领导和支持各方面人才为党和人民事业建功立业。新中国成立以来，我国人才队伍规模日益壮大,人才成长环境日益优化,人才事业取得显著成就,根本原因就在于始终坚持党对人才工作的全面领导。

贯彻落实党对人才工作的全面领导这一根本原则,必须进一步完善党管人才的工作格局。党委统一领导,组织部门牵头抓总,职能部门各司其职、密切配合,社会力量广泛参与的人才工作格局有利于整合各方力量,为人才发展提供强有力的制度支撑。应充分发挥党在人才工作中总揽全局、协调各方的领导核心作用,确保党的人才工作方针政策全面贯彻落实;发挥组织部门牵头抓总的作用,创新人才工作政策、体制机制、方式方法,积极营造人才成长的良好环境;发挥各级党委宣传部门,各级政府教育、科技、工信、安全、人社、文旅、国资、金融、外事等部门在人才发展方面的职能作用,共同抓好人才工作各项任务;促进社会力量的广泛参与,密切联系人才,搭建桥梁纽带,凝聚强大合力。

根据需要和实际充分授权

破除人才引进、培养、使用、评价、流动、激励等方面的体制机制障碍,实行更加积极、更加开放、更加有效的人才政策,形成具有吸引力和国际竞争力的人才制度体系。不断增强我国的人才竞争比较优势,形成一大批能够把握世界科技大势、研判科技发展方向的战略科技人才,善于凝聚力量、统筹协调的科技领军人才,勇于创新、善于创新的企业家和高技能人才。

通过下放岗位设置、公开招聘、职称评审、薪酬分配、人员调配等权限,合理制定并落实人员编制标准,建立动态核增机制,落实事业单位公开招聘制度和国有企业分级分类公开招聘制度，完善包括机会公平在内的社会公平保障体系。建立以信任为基础的人才使用机制，允许失败、宽容失败，鼓励科技领军人才挂帅出征。习近平总书记指出，要赋予科学家更大技术路线决定权、更大经费支配权、更大资源调度权。实行"揭榜挂帅""赛马"等制度；推行技术总师负责制、经费包干制、信用承诺制；优化科研经费管理，整合人才计划，让经费和资助真正成为对人才和项目的支持资源，为人才发展和科研活动本身服务；建立健全责任制和军令状制度，确保科研项目取得成效。

完善人才评价体系

在人才评价上，要"破四唯"和"立新标"并举。充分尊重和最大限度调动广大科技人员的创造精神，正确评价科技创新成果的科学价值、技术价值、经济价值、社会价值、文化价值。以实际能力为衡量标准，不唯论文、唯职称、唯学历、唯奖项，突出专业性、创新性、实用性。改变片面将论文、专利、资金数量作为人才评价标准的做法，避免以静态评价结果给人才贴上"永久牌"标签。对待急需紧缺的特殊人才，要有特殊政策，不要都用一把尺子衡量。注重个人评价和团队评价相结合，尊重和认可团队所有参与者的实际贡献。

用好人才评价这个"指挥棒"，需要完善科技人员绩效考核评价机制，把科研人员的创造性活动解放出来，营造有利于激发科技人才创新的生态系统。避免简单以学术头衔、人才称号确定薪酬待遇、配置学术资源，推动人才"帽子"、人才称号回归学术性、荣誉性本质。支持科研事业单位探索试行更灵活的薪酬制度，稳定并强化从事基础性、前沿性、公益性研究的科研人员队伍，为其安心科研提供保障。构建充分体现知识、技术等创新要素价值的收益分配机制，提高科研人员成果转化收益分享比例，并探索对创新人才实行股权、期权、分红等激励措施。要完善科技奖励制度，让优秀科技创新人才得到合理回报。

增强服务意识和保障能力

全社会要树立强烈的人才意识，做好团结、引领、服务人才工作，真诚关心人才、爱护人才、成就人才。做好联系服务人才工作，政治上充分信任、工作上创造条件、生活上关心照顾，多为他们办实事做好事解难事。积极为人才发展创造良好环境，提供基础条件，发挥好组织协调作用。领导干部要带头联系专家，加强思想沟通和感情交流，当好"后勤部长"，为他们发挥聪明才智创造良好条件。加大人才发展投入，提高人才投入效益。对开展基础研究有成效的科研单位和企业，要在财政、金融、税收等方面给予政策支持。优化人才表彰奖励制度，广泛宣传表彰爱国报国、为党和人民事业作出突出贡献的优秀人才，加大先进典型宣传力度，在全社会推动形成尊重人才的风尚。

用人单位直接面向人才，具体培养、引进和使用人才，是人才干事创业的平台，是各项服务保障落实落地的"最后一公里"。广大用人单位要练好内功，提高管理水平，完善法人治理结构。用人单位要推动组织创新、技术创新、市场创新,重视技术研发和人力资本投入,提升服务保障能力,形成让科研人员把主要精力放在科研上的保障机制。建立健全用人单位的自我约束和外部监督机制,使之有效承接和用好人才管理部门授予的权力,形成有利于人才发展的良好环境。

如何 建设世界重要人才中心和创新高地

★ 一线观察

为城市发展提供人才支撑

两次踏足中新广州知识城，高嵩的心境天壤之别。

第一次是10年前，除了光秃秃一座山，别无所有。高嵩当时心想："什么人会愿意来这里工作生活？"

第二次是去年8月，高嵩作为华南肿瘤学国家重点实验室黄埔院区负责人，与实验室一道进驻知识城，当年成功引进4名国家级人才。

高嵩的"小欢喜"，乘的是广州人才工作的"大东风"。建机制、搭平台、优服务、强生态……广州近年来不断深化人才发展体制机制改革，为广州城市发展引来源头活水，注入强劲动力。

习近平总书记在中央人才工作会议上提出，可以在北京、上海、粤港澳大湾区建设高水平人才高地。作为粤港澳大湾区核心引擎城市，广州倍感振奋。"我们将坚持党管人才，紧扣粤港澳大湾区建设发展大局，为建设高水平人才高地贡献更多广州力量。"广东省委常委、广州市委书记、市人才工作领导小组组长张硕辅说。

以改革红利催化人才红利

若不是广州市率先推动用人单位职称自主评审改革，广汽集团的韩丽很难想象，自己能顺利评上汽车项目管理专业工程师。

2010年研究生毕业至今，韩丽一直从事工程咨询、汽车行业规划和汽车产业园区规划等工程类工作，也一直想申报工程师职称，但由于并非毕业于工程相关专业，不符合申报标准。直到2018年，公司通知可开展工程系列汽车工程专业职称自主评审，且评审标准主要看工作实绩等实际产出成果。2020年，经过充分准备的韩丽提交申请，顺利通过了评审，圆了一个非工程专业出身人的"工程师之梦"。

为解决传统职称评审流程较长、程序繁杂，且多取决于学历高低、发表论文数量等单一化、公式化评判标尺的痛点，广州推动向高校、科研院所、高新技术企业和大型企业等单位下放评审权限，支持用人单位自主开展职称评审，实行符合科研创新、企业发展的业内评价，优化选才引才生态。目前，广州汽车集团、广州建筑集团、广州地铁集团、广州港集团等大型骨干企业中，已有3613名专业技术人才通过单位自主评审，获得了正高级或副高级职称。

作为改革开放前沿和粤港澳大湾区中心城市，广州在人才发展体制机制改革和政策创新上一直敢为人先。新时期如何进一步以改革红利催化人才红利？市委常委、组织部部长廉奕提出："聚焦人才引进、培养、流动、评价、激励等关键环节，进一步向用人主体放权、为人才松绑，赋予创新领军人才更大的用人权、用财权、用物权、技术路线决定权和成果转化收益权；坚决破除'四唯'，健全以创新能力、质量、实效、贡献为导向的科技人才评价体系。"

改革东风绿了湾区热土，引得良禽择木而栖。如今，广州全市具有大专及以上学历的人才资源总量约 510 万人，人才保持净流入且持续稳定增长。

用干事创业成就人才发展

2021 年 9 月 13 日，位于广州市黄埔区的禾信仪器股份有限公司成功登陆科创板，成为广州第十家科创板上市企业。禾信仪器是专注高端质谱仪器研发、制造、销售及技术服务的国家级高新技术企业、国家级专精特新"小巨人"企业，拥有超过 800 人的人才队伍。

事业因人才而兴，人才因事业而聚。重大平台载体是吸引和涵养人才的最佳沃土，近些年来，广州不断探索人才发展和自由流动的体制机制，围绕"高精尖缺"人才扎实干事创业的平台。

突出产业导向集聚人才，广州实施"羊城创新创业产业领军人才计划"，通过股权资助、经费奖励、薪酬补贴等方式给予靶向支持。目前，已累计遴选领军团队 80 个、领军人才和杰出产业人才 250 人、产业高端人才和紧缺人才近 8000 人。

通过产业创新平台给人才"压担子"，通过成果转化平台让人才"收果子"，广州依托黄埔生物岛、天河人才港等创新创业载体，大力推动科技成果落地，百济神州创始人王晓东团队、小鹏汽车创始人何小鹏团队等一大批领军人才团队迅速发展，印刷 OLED 显示技术、载人级自动驾驶飞行器等创新技术实现突破。

2021年5月,广东省推进粤港澳大湾区建设领导小组印发文件,在广州市南沙区创建全国首个"国际化人才特区"。当前,南沙正重点推进香港科技大学(广州)、中国科学院大学广州学院等高校建设,加快吸引和培育一批国际一流学者、学科带头人和高水平创新科研团队,鼓励南沙积极创新人才联合培养机制。

靠优质服务强化人才黏性

推出人才住房,建立人才子女幼儿园,创新提出给予人才及其配偶父母商业医疗保险补贴、重点项目带头人免费高端体检……在广州,各类人才的获得感、幸福感、归属感在一项项政策实施中不断增强。

2019年,广州出台实施"广聚英才计划",将完善人力资源产业发展引导机制作为一项重要创新举措,有力推动了本地人力资源服务业规模化发展,全市现有人力资源服务机构超过2000家,从业人员近5万人,形成了一支"服务人才的人才"的庞大队伍。2021年8月18日,广州人才集团揭牌成立,在人才服务市场化、专业化、信息化、科学化方面探索改革新路,全面提升人才公共服务的能级。

记者从广州市人才办了解到,2021年4月以来,广州市委组织部通过牵头开展全市人才数据摸查和人才问卷调查12次,主动电话、短信问需1000余次,深入实地开展实地调研30次,广州累计梳理出25项人才需求事项清单,如针对新引进人才住房保障问题,协同住建部门筹集人才公寓超过2.5万套。

如何 建设世界重要人才中心和创新高地

当前,广州正规划建设一批"类海外"国际人才社区,营造国际一流的"营智环境"。南沙设立全国首个"大湾区国际人才一站式服务窗口",将涉及户政、通关等12个部门的93项人才服务事项整合到一个平台集中办理,累计办理各项人才业务2.5万件;设立首个"大湾区(广东)国际人才驿站",为各类人才在南沙创新、创业、生活提供全链条、全方位的一站式服务;实施"南沙人才卡"服务保障措施,累计发放12344张,为持卡人提供包括医疗、教育、消费等14类29项个性化公共服务和市场化服务。

>> 先知先觉

全方位培养引进用好人才

百年大党,风华正茂。千秋伟业,人才为先。在百年奋斗历程中,我们党始终重视培养人才、团结人才、引领人才、成就人才,团结和支持各方面人才为党和人民事业建功立业。

我们党100多年来取得的一系列伟大成就,无一不是团结带领各行各业优秀人才和广大人民群众同心协力、努力拼搏的结果。党的十八大以来,以习近平同志为核心的党中央广开进贤之路、广纳天下英才,推动新时代人才工作取得历史性成就、发生历史性变革。同时也要看到,我国人才工作面临着新形势新任务新挑战,如怎样"引得准""用得好""留得住"人才?怎样加大人才对外开放力度?如何让人才安身、安心、安业?如何破除"帽子热""四唯"等倾向?解决这些重要问题,需要我们继续深化对人才事业发展的规律性认识,深入实施新时代人才强国战略，努力做好新时代人才工作。

善于在总结经验中提升思想认识，在探索规律中打开工作局面，是我们党的优势所在。如何把人才的创造热情和聪明才智充分调动起来、发挥出来，是需要破解的紧迫问题和长期课题。习近平总书记在中央人才工作会议上精辟概括的"八个坚持"，涵盖人才工作的根本保证、重大战略、目标方向、重点任务、重要保障、基本要求、社会条件、精神引领和思想保证，进一步深化了我们对人才事业发展的规律性认识。我们要切实贯彻"八个坚持"，按照"四个面向"要求，大力实施好科教兴国战略、人才强国战略、创新驱动发展战略，把党内和党外、国内和国外各方面优秀人才集聚到党和人民的伟大事业中来。

国家发展靠人才，民族振兴靠人才。做好新时代人才工作，要树立系统观念，注重增强工作的系统性、整体性、协同性。加强对人才工作形势、规律、政策、需求的研究，判断发展趋势，提前进行谋划，加强战略储备；坚持因才施策，照顾人才的特殊性、多样性，尊重人才的个性，把握人才成长的一般周期，关注其发展变化，特别是要激发人才成长创造的强大内生动力。同时要培养国际视野，加大人才对外开放力度，使更多全球智慧资源、创新要素为我所用。

培养引进用好人才，制度是根本保障。习近平总书记在中央人才工作会议上强调要深化人才发展体制机制改革，并作出重要部署。贯彻落实党中央精神，必须在人才发展体制机制和人才成长培养机制、使用机制、激励机制、竞争机制等方面下大功夫、拿出硬举措。做好人才工作，要保持战略定力，也要不断开拓创新，发挥新型举国体制优势，采取培养使用战略人才的战略举措、培养"大师"的大举措。千方百计为不同类型、不同层次、不同年龄段的人才成长成才创造脱颖而出、施展拳脚、建功立业的平台和舞台。引导社会力量，促进多方主体参与，厚植人才成长的土壤，不断拓展人才成长成才空间，在规范管理中促进有序竞争，形成人才工作新格局。

如何 建设世界重要人才中心和创新高地

做好新时代选人用人工作

李兆杰

《习近平关于全面从严治党论述摘编（2021年版）》第七个专题是"坚持党管干部、党管人才，抓好执政骨干队伍和人才队伍建设"。这一专题集中收入了习近平总书记关于做好选人用人工作的一系列重要论述。认真学习领会这些重要论述，对于深刻理解做好新时代选人用人工作的重大意义，全面落实好干部标准，教育引导干部进一步筑牢信仰之基、打牢从政之基、夯实廉政之基、强化能力之基，为党和国家事业发展提供有力人才支撑和智力支持，具有重要指导意义。

把选人用人作为关系党和人民事业的关键性、根本性问题来抓

习近平总书记在中央人才工作会议上强调："当前，我国进入了

全面建设社会主义现代化国家、向第二个百年奋斗目标进军的新征程，我们比历史上任何时期都更加接近实现中华民族伟大复兴的宏伟目标，也比历史上任何时期都更加渴求人才。""贤良之士众，则国家之治厚；贤良之士寡，则国家之治薄。"选人用人关乎国之根基，质量意识须臾不可松懈。无论是干部工作，还是人才工作，本质上都是选人用人问题。进行具有许多新的历史特点的伟大斗争、加强党的建设新的伟大工程、推进中国特色社会主义伟大事业、实现中华民族伟大复兴的伟大梦想，必须抓好执政骨干队伍和人才队伍建设。

做好新时代选人用人工作是进行伟大斗争的需要。建立中国共产党、成立中华人民共和国、实行改革开放、推进新时代中国特色社会主义事业，都是在斗争中诞生、在斗争中发展、在斗争中壮大的。当前，世界百年未有之大变局加速演进，中华民族伟大复兴进入关键时期，我们面临的风险挑战明显增多，总想过太平日子、不想斗争是不切实际的。习近平总书记指出，要丢掉幻想、勇于斗争，在原则问题上寸步不让、寸土不让，以前所未有的意志品质维护国家主权、安全、发展利益。伟大的斗争，宏伟的事业，需要高素质的干部队伍。我们必须有组织、有计划地把干部放到重大斗争一线去经风雨、见世面、长才干、壮筋骨，强弱项、补短板，培养斗争精神，始终保持共产党人敢于斗争的风骨、气节、操守、胆魄，增强斗争的本领，牢牢掌握斗争主动权。

做好新时代选人用人工作是建设伟大工程的需要。我们党成立100年来，坚持党要管党、全面从严治党，不断应对好自身在各个历史时期面临的风险考验，确保党在世界形势深刻变化的历史进程中始终走在时代前列，在应对国内外各种风险挑战的历史进程中始终成为全国人民的主心骨。历史周期率的典故和苏联亡党亡国的教训时刻提醒我们，全面从严治党永远在路上，不能有任何喘口气、歇歇脚的念头。选人用人是党内政治生活的风向标，用人上的不正之风和腐败现象对政治生活危害最烈，端正用人导向是严肃党内政治生活的治本之策。习近平总书记指出，从严治党，关键是从严治吏。这就要求我们把从严管理干部贯彻落实到干部队伍建设全过程，培养和选拔党和人民需要的好干部。严管就是厚爱。要坚持从严教育、从严管理、从严监督，对干部身上出现的苗头性、倾向性问题，及时"咬咬"耳朵、扯扯袖子，早提醒、早纠正，不能睁一只眼闭一只眼，更不能哄着、护着，防止小毛病演化成大问题。

做好新时代选人用人工作是推进伟大事业的需要。我们坚持和发展中国特色社会主义，推动物质文明、政治文明、精神文明、社会文明、生态文明协调发展，创造了中国式现代化新道路，创造了人类文明新形态。全面建成小康社会的第一个百年奋斗目标如期实现后，我国又进入了全面建设社会主义现代化国家的新发展阶段。新时代新阶段，党内外、国内外环境的深刻变化、工作对象和工作条件的深刻变化，知识更新周期的大大缩短，都对干部队伍建设提出了新的要求。习近平总书记指出，我们要应变局、育新机、开新局、谋复兴，关键是要把党的各级领导班子和干部队伍建设好、建设强。只有坚持德才兼备、以德为先、任人唯贤的方针，把政治过硬、本领高强的干部发现出来、任用起来，努力聚天下英才而用之，中国特色社会主义事业才能不断发展。

做好新时代选人用人工作是实现伟大梦想的需要。实现中华民族伟大复兴，是中国人民和中华民族最伟大的梦想。纵观中国历史上的治世，都离不开对官吏的严格管理和人才的精心选拔。特别是在唐代，伴随着科举制的推广，中国出现了"贞观之治""开元盛世"等盛世。现在，我们正处于实现中华民族伟大复兴的关键时期，形势环境变化之快、改革发展稳定任务之重、矛盾风险挑战之多、对我们党治国理政考验之大都是前所未有的。习近平总书记指出，我们党要团结带领人民实现"两个一百年"奋斗目标、实现中华民族伟大复兴的中国梦，必须贯彻新时代党的组织路线，努力造就一支忠诚干净担当的高素质干部队伍。我们必须抓好执政骨干队伍和人才队伍建设，确保各项思路和部署由优秀的干部来执行，助力中华民族伟大复兴的中国梦早日实现。

坚持新时代好干部标准，树立正确选人用人导向

习近平总书记反复强调，把党和人民需要的好干部精心培养起来、及时发现出来、合理使用起来。好干部的标准是什么？具体来讲，可以从信念坚定、为民服务、勤政务实、敢于担当、清正廉洁五个方面来理解。这些标准既是党的事业的需要、人民群众的期待，也是对全体干部的要求。

信念坚定。"志不立，天下无可成之事。"对马克思主义的坚定信仰，对社会主义和共产主义的坚定信念，是共产党人立身、处世、

干事的精神支柱。理想信念坚定，是好干部第一位的标准。习近平总书记指出，我们党之所以能够经受一次次挫折而又一次次奋起，归根到底是因为我们党有远大理想和崇高追求。据不完全统计，从建党到新中国成立的28年间，共有370多万烈士献出了宝贵生命。他们抛头颅洒热血为的就是坚定执着的理想信念。理想信念动摇是最危险的动摇，理想信念滑坡是最危险的滑坡。能否完成党和国家各项工作，既要看全党在理想信念上是否坚定不移，更要看每一位党员干部在理想信念上是否坚定不移。党的干部必须坚定共产主义远大理想，真诚信仰马克思主义，矢志不渝为中国特色社会主义而奋斗，坚持党的基本理论、基本路线、基本方略不动摇。

为民服务。"政之所兴在顺民心，政之所废在逆民心。"全心全意为人民服务，是我们党一切行动的根本出发点和落脚点，是我们党区别于其他一切政党的根本标志。长征时期，"半条被子"的故事就是中国共产党同人民风雨同舟、血脉相通、生死与共的真实写照。延安时期，毛泽东在追悼张思德同志时发表《为人民服务》的演讲，深刻揭示了党群关系、干群关系、军民关系的真谛。中国共产党一心为民，人民群众也用实际行动拥护中国共产党。习近平总书记曾动情地说，淮海战役的胜利是靠老百姓用小车推出来的，渡江战役的胜利是靠老百姓用小船划出来的。今天，在党长期执政的条件下，为人民服务、保持党同人民群众的血肉联系是党的建设必须解决好的重大课题。党的干部必须做人民公仆，忠诚于人民，以人民忧乐为忧乐，以人民甘苦为甘苦，全心全意为人民服务。

勤政务实。空谈误国，实干兴邦。勤政务实是领导干部的立身之本、兴业之基。习近平总书记指出，伟大梦想不是等得来、喊得来的，而是拼出来、干出来的。共产党人首先是实干家。解放战争时期，我军派人筹粮，很长时间没结果。邓小平斩钉截铁说了三句话：成立工作组、下农村、筹粮！"社会主义是干出来的"，干事创业，"干"字在先，"实"字为本。焦裕禄只在兰考县工作475个日夜，却把几乎所有时间都用在带领干部群众锁风沙、战旱涝、兴水利上，靠的是实干。谷文昌在东山县工作十五年，带领全县人民把一个荒漠化的孤岛变成半岛，并建成海上绿洲，使群众摆脱了世代逃荒要饭的苦日子，靠的也是实干。崇尚实干精神，摈弃务虚之风。战国赵括纸上谈兵、两晋学士虚谈废务的历史教训都是我们应该吸取的。党的干部必须勤勉敬业、求真务实、真抓实干、精益求精，以"不破楼兰终不还"的信念，以"拼命三郎"的干劲，创造出经得起实践、历史、人民检验的实绩。

敢于担当。"为官避事平生耻。"坚持原则、敢于担当是党的干部必须具备的基本素质。有多大担当才能干多大事业，尽多大责任才会有多大成就。我们党成立100年来，无数优秀共产党员在不同岗位上展现出敢于担当的宝贵品格。在革命战争年代，共产党员用气吞山河的英雄气概谱写了惊天地、泣鬼神的历史篇章。在和平年代，广大共产党员同样表现出敢为人先的担当精神，哪里有困难、哪里最危险，哪里就有共产党员的身影。在实现中华民族伟大复兴的新征程上，应对重大挑战、抵御重大风险、克服重大阻力、解决重大矛盾，迫切需要迎难而上、挺身而出的担当精神。习近平总书记强调，不能只想当官不想干事，只想揽权不想担责，只想出彩不想出力。党的干部必须坚持原则、认真负责，面对大是大非敢于亮剑，面对矛盾敢于迎难而上，面对危机敢于挺身而出，面对失误敢于承担责任，面对歪风邪气敢于坚决斗争。

清正廉洁。正气一身官气扫，清风两袖腐风离。为政清廉，才能取信于民。反对腐败、建设廉洁政治，保持党的肌体健康，是我们建党伊始就坚持的鲜明政治立场。中央苏区时期，作为中华苏维埃第一次全国代表大会会址的谢氏宗祠，装下了苏维埃政府整个首脑机关的15个部门。毛泽东曾说，我们的中央政府，恐怕也是世界上最精干的。第五次反"围剿"失利后，江西省苏维埃政府主席刘启耀同志背着金条乞讨数年，历尽千辛万苦寻找党组织继续干革命，不动用分毫党的经费。我们只有继承和发扬党的这些优良传统，才能应对"四大考验"、克服"四种危险"，才能正确处理公私关系、消除腐败毒瘤和作风问题顽疾。党的干部必须敬畏权力、管好权力、慎用权力，守住自己的政治生命，保持拒腐蚀、永不沾的政治本色。

把党管干部、党管人才原则贯穿选人用人工作全过程、各方面

党政军民学，东西南北中，党是领导一切的。党的领导是中国特色社会主义最本质的特征，是选人用人工作的根本要求。我们必须切实增强责任感、使命感，强化党组织领导和把关作用，完善选人用人制度机制，严把选人用人质量关，坚决匡正选人用人风气，把党管干部、党管人才原则贯穿选人用人工作全过程、各方面。

坚持德才兼备、以德为先。选人用人重德才，是古今中外治国理政的通则。德，是道德品行，包括政治品德、职业道德、社会公德、家庭美德等；才，是指能力和水平，包括学习本领、政治领导本领、改革创新本领、科学发展本领、依法执政本领、群众工作本领、狠抓落实本领、驾驭风险本领等。有才无德会坏事，有德无才会误事，有德有才方能干成事。只有德才兼备，才能承担重任。"才者，德之资也；德者，才之帅也。"在德与才的关系上，应坚持两点论与重点论相统一，德与才都不可或缺，但德与才比较，德是第一位的。在众多品德当中，最重要的是政治品德。政治上有问题的人，能力越强、职位越高危害就越大。习近平总书记指出，政治品德不过关，就要一票否决。在选人用人过程中，我们首先要把好政治关，看政治上清醒不清醒、坚定不坚定，考察其政治定力、政治担当、政治能力、政治自律。要坚持正确选人用人导向，匡正选人用人风气，突出政治标准。同时，选干部、用人才既要重品德，也不能忽视才干。我们不仅要加快干部知识更新、能力培训、实践锻炼，更要把那些能力突出、业绩突出，有专业能力、专业素养、专业精神的优秀干部及时用起来。

坚持五湖四海、任人唯贤。选人用人上的五湖四海，不是简单指地域上的广泛性，而是要求选人用人必须冲破各种陈旧落后思想观念的束缚，打破地域、部门、行业、身份限制，唯贤是举、选贤任能，让优秀干部都能为党和人民的事业服务。任人唯贤，就是凡有本事、能干事、对党和人民忠诚的人，都要关怀培养，大胆使用。五湖四海是任人唯贤的必然结果，任人唯贤就必须五湖四海。把方方面面优秀人才聚集到党和人民事业中来，必须从党和国家事业发展需要出发，坚持选人用人工作一盘棋，以更高的站位、更宽的视野发现人才、使用人才、配置人才。要实行更加积极、更加开放、更加有效的人才政策，以识才的慧眼、爱才的诚意、用才的胆识、容才的雅量、聚才的良方，把党内和党外、国内和国外各方面优秀人才聚集到党和人民的伟大奋斗中来，鼓励引导人才向边远贫困地区、边疆民族地区、革命老区和基层一线流动，努力形成人人渴望成才、人人努力成才、人人皆可成才、人人尽展其才的良好局面，让各类人才的创造活力竞相迸发、聪明才智充分涌流。要多选一些在重大斗争中经过磨砺的干部，同时要让没有实践经历的干部到重大斗争中去经受锻炼，在攻坚克难中增长胆识和才干。要注重从各个方面选拔专业化人才，优化领导班子和干部队伍知识结构、能力结构、专业结构。

坚持事业为上、公道正派。事业为上，就是把党和国家事业放在首位，从事业需要出发选人用人。公道正派，就是公正、客观、合理地选人用人。事业为上、公正用人是我们党立党为公、执政为民在组织路线上的体现。党的干部总是与党的事业紧紧连在一起，伟大事业需要高素质干部，干部要在事业发展中锻炼成长。党的十八大以来，党和国家事业之所以取得历史性成就、发生历史性变革，与广大干部干事创业、担当奉献密不可分。站在新的历史起点上，我们党要肩负起新的历史使命，必须坚持从党和国家事业需要出发选人用人，真正做到事业发展需要什么样的人就用什么样的人，什么样的人最合适就选什么样的人，避免论资排辈、平衡照顾。

要正确把握事业发展需要和干部成长进步的关系，围绕事业发展需要配班子用干部，及时把那些愿干事、真干事、干成事的干部发现出来、任用起来。用人以公，方得贤才。如果公道正派上出了问题，再好的制度也难以落实，再好的干部也可能选不出来。在选人用人上要出于公心，坚持原则、实事求是、敢于负责、公正无私，公平对待和使用干部，不拿原则做交易，使干部有全身谋事之心而无侧身谋人之虞。必须遏制住选人用人上的不正之风，做到善则赏之、过则匡之、患则救之、失则革之，以正确用人导向激励干部担当作为。

《中国纪检监察报》（2021年10月14日）

如何 建设世界重要人才中心和创新高地

★ 拓展阅读

新"雁阵"引领新时代人才强国新格局

当前,国际形势错综复杂,改革发展稳定任务艰巨繁重,给新时代人才工作带来了新机遇,也提出了新要求。习近平总书记在中央人才工作会议上围绕"加快建设世界重要人才中心和创新高地"的战略目标作出重要部署,强调可以在北京、上海、粤港澳大湾区建设高水平人才高地,一些高层次人才集中的中心城市也要着力建设吸引和集聚人才的平台。

国家发展靠人才,民族振兴靠人才。考察近代大国崛起的过程,人才都是关键变量。区域差异大、发展不平衡是我国的基本国情,推动区域协调发展是建设现代化经济体系、推动经济高质量发展的重要任务。新形势下,促进区域协调发展首要任务是推动实现人才协调发展、协同共用,要正视不同区域的不同发展特点、发展方式、发展过程等问题,坚持从区域发展、人才需求实际出发,从人才培养引进使用客观规律出发,从人才成长发展基本规律出发,因地制宜，分区分类，建设不同层次、不同类型的人才发展高地、集聚平台、网络支点，充分发挥不同区域各类人才的示范引领效应、平台集聚效应和节点支撑效应，推动形成有梯度的人才分级和各自区域的比较优势。

依托北京、上海、粤港澳大湾区高水平人才高地建设，充分发挥其在雁阵格局中的示范引领效应。北京、上海、粤港澳大湾区不仅具有良好的区位条件、便利的交通环境和雄厚的经济基础，还拥有形成国际科技创新中心的核心科教资源和产业基础。在人才培养方面，这几地应依托丰富的科教资源优势，发挥其在人才培养中"头雁"的示范引领效应，加强对其他地区科技领军人才、创新团队以及青年科技人才的培养力度。在人才引进方面，应结合国际科技创新中心建设，加大对主要国家或地区战略科学家、科技领军人才和青年科技人才的引进，有效服务国内大循环。在人才使用方面，应以高水平人才高地建设为契机，发挥其高端人才的溢出效应，实现各类高端人才的区域流动与共享。

依托一些高层次人才集中的中心城市的人才队伍建设，充分发挥其在雁阵格局中的平台集聚效应。高层次人才集中的中心城市是指在一定区域或全国范围内处于重要地位、具有综合或主导功能、发挥枢纽作用的大城市。这些城市的人才服务保障能力相对较强，是高层次科技人才、专业急需紧缺人才相对集聚的区域。在新时代人才强国雁阵格局的战略布局中，高层次人才集中的中心城市人才工作的重点是搭建高层次人才交流、对接平台，突出强调其对区域经济社会及产业发展的支撑，以实现"强雁"的平台集聚效应。

依托不同类型、不同层级城市人才发展战略支点建设，充分发挥其在雁阵格局中的节点支撑效应。不同类型、不同层级城市协调发展对各类人才的需求具有差异性，相关城市或区域人才工作的重点应是形成各层级的人才发展战略支点，确保人尽其才、才尽其用，以实现"群雁"的节点支撑效应。对于一线城市，应重点加强顶尖、高端、战略性科技人才及团队建设，支撑其率先建成国际或区域科技创新中心。对于二、三线城市，应重点加强领军、专业、特色性科技人才及团队建设，支撑其经济社会的高质量发展。对于四线及以下城市，应重点把工匠型高素质劳动者和技能型人才作为人才队伍建设的主攻方向，支撑其加快实现转型发展。

经济要发展，社会要进步，人才是关键，应将不同区域人才发展战略支点建设同区域协调发展战略实施有机衔接，切实支撑区域经济社会整体格局实现高质量发展。

★ 一线观察

人才聚起来 事业旺起来

《重庆市加快集聚优秀科学家及其团队的若干措施》《重庆市支持青年人才创新创业的若干措施》……系列政策加速出台,广大人才纷至沓来。近年来,重庆市下大气力全方位培养、引进、用好人才,积极开展人才工作创新探索,实施引育双驱人才队伍建设举措,带动科技创新不断实现突破,有力助推全市经济社会高质量发展。

为人才创新营造良好环境

"市里实施人才项目经费'包干制',入选重庆英才计划的人才对科研经费有更大自主权,经费使用既高效又合理。"重庆市"分子影像与精准治疗"创新团队负责人、重庆医科大学附属第二医院超声科主任冉海涛说。

为让人才项目研究支持经费发挥最大效益,2021年8月,重庆正式推行人才项目经费"包干制"。"'包干制'就是按照'自主选题、自主立项、自主过程管理、自主结题'原则,把重庆英才计划的研究支持经费自愿转化为省部级科研项目或社会科学规划项目,由领衔专家自主确定研究课题、科研团队和经费使用。"重庆市委人才工作领导小组办公室有关负责人介绍,"包干制"带来的松绑不仅在钱方面,入选专家还享有立项选择权和负责人指定权。

在重庆吉芯科技有限公司高级专家李婷看来,"包干制"最大特点是自主。"现在申报项目,我们可以选择自己感兴趣的技术问题来研究,把科技成果转化过程中的共性问题提炼出来,以项目为牵引研究解决,既满足了国家需求,又激发了科研积极性。"

"包干制"项目试行以来,重庆市广大人才踊跃申报。截至目前,全市共批准重庆英才计划"包干制"项目438个,带动3771人参与研究,引导投入资金3.3亿元(其中社会资金1.8亿元),有效激发了人才活力。

为给人才创新营造更好的环境,重庆市出台《关于推进人才工作精准施策的指导意见》等,整合政策资源对试点单位进行精准、系统支持,促进这些单位以更大力度培养人才、引进人才,推动科技创新。

联合微电子中心有限责任公司是重庆市电子信息重点企业,市里为其量身定做人才政策,给予成果转化激励、财税政策、安家补助等支持。在"一企一策"支持下,两年多时间,联合微电子中心集聚了海内外375名优秀人才。

让人才在更广阔舞台施展才华

2019年底，上海交通大学重庆临近空间创新研发中心正式挂牌成立。"新落户的研发机构，最缺的就是人才。"中心常务副主任王全保介绍，在政府部门帮助下，他们第一年就收到了200多份人才求职简历，"良好的人才工作环境，让我们的发展更有信心。"

将人才培养深度融入经济社会发展主战场。近年来，围绕建设"智造重镇、智慧名城"的目标，重庆市立项建设智能制造等30个"人工智能+"学科群，大数据智能化领域有关学科专业人才规模超过25万人，有力夯实了智能人才"基本盘"。

向品牌载体要效益，是重庆市推进人才工作的另一个好经验。重庆市连续举办4届中国国际智能产业博览会，有力助推重庆新一轮科技革命和产业变革。重庆市连续两年举办重庆英才大会，通过"会、展、赛、论"等系列活动，集中引进急需紧缺人才2504名、项目515个。

深入实施重庆英才计划。设优秀科学家、名家名师、创新创业领军人才、技术技能领军人才、青年拔尖人才5个专项，每年遴选支持高层次人才430名左右、团队100个左右，已遴选支持优秀人才1208名、团队255个。仅首批入选人才，就有37人入选国家级人才计划，取得国际国内领先成果32项，承担国家级科研课题118项，开发新技术新产品2232个。

为人才搭建更广阔舞台，重庆各地应势而动。两江新区在政务大厅建设"两江英才荟"线下平台，"人才来到两江，就是要让他们办事找得到门、发展摸得到路、解困寻得到家"。两江新区有关负责人表示。渝北区"临空英才计划"、江津区"津鹰计划"等多个特色人才政策乘势推出，市区人才政策的贯通衔接，为人才事业发展增添了更大合力。

生活服务有温度，事业支持有力度

丁雨憧是重庆声光电公司的拔尖人才，其团队研发的闪烁晶体材料达到国际领先水平，突破"卡脖子"技术，实现了核心技术自主研发。"在重庆这块热土，不仅能享受市级系列人才政策，还能获得重庆高新区的人才、创新、产业、金融等政策支持。我相信将会有越来越多的人才来渝发展，产出更多的创新成果。"丁雨憧说。

2021年10月初，重庆人才服务已升级至3.0版本，可以通过电话、网站、微信、平台4种方式，为重庆英才服务卡持卡人才提供25项公共服务。"不仅有科技资源使用、知识产权、项目申报、企业注册登记等事业发展支持，也有户籍、出入境、旅游交通及子女入学转学等便利举措，升级版更加贴心。"重庆医科大学附属第一医院的引进人才刘蕾，把这个消息分享到朋友圈，得到众多点赞。截至目前，重庆市累计发放重庆英才服务卡7814张，为人才提供服务19万人次。

生活服务有温度，事业支持有力度。重庆在全国率先开展知识价值信用贷款改革试点，目前已经实现所有区县全覆盖。2020年疫情期间，重庆迪科汽车科技集团副总经理江畅带领团队申请了200万元知识价值信用贷款补充流动资金，从提交申请到放款仅用了3

天时间。在这笔贷款的支持下，团队快速实现负压救护车生产，及时驰援抗疫一线。

营造良好的人才生态，既要扩队伍，更要聚人心。重庆市专门设立杰出英才奖，为每一名重庆英才设计制作专属形象漫画，把工作做到人才心坎上；落实党委联系服务专家制度，召开座谈会，开展学术交流、走访慰问等活动，人才团结引领有力有效。聚焦解决科技工作者急难愁盼问题，列出"为科技工作者办实事　助科技工作者作贡献"20条工作清单。

> 先知先觉

促进人口红利向人才红利转变

国家发展靠人才,民族振兴靠人才。近年来,随着人口老龄化程度不断加深,我国劳动年龄人口占比趋于下降,人口红利优势逐渐减弱。克服人口红利减弱对经济发展的影响,必须促进人口红利向人才红利转变,加快建立人才资源竞争优势。

提高人口素质,积累人力资本。人口素质和人力资本是构成人才红利的重要基础。创造人才红利,要提高人口健康素质,注重劳动者身心素质和综合素质的培养。大力实施"健康中国"战略,积极推动医疗卫生体制改革,改善学校体育教育和健康教育,促进青少年德智体美劳全面发展。既注重新增劳动者素质,又注重提高在职劳动者素质,让人们健康成长、健康工作,推动人口和经济社会持续、协调、健康发展。

加强学校教育,创新职业培训。教育是提高人口素质、积累人力资本最有效、最直接的途径。要推动各级各类教育协调发展,全面提升高等教育发展水平,积极发展现代职业教育,加强产教融合、校企合作,培养更多高素质劳动者。

培育创新型人才。加强人力资本积累,必须提升人才质量、优化人才结构,打造高水平的人才队伍。在全社会大兴识才爱才敬才用才之风,加速科技人才集聚,在创新实践活动中发现人才、培育人才、凝聚人才,打造一支质量高、结构优的人才队伍。

大力弘扬劳模精神、劳动精神、工匠精神。营造劳动光荣的社会风尚和精益求精的敬业风气,培养更多高素质技术技能人才、能工巧匠、大国工匠,造就一支有理想守信念、懂技术会创新、敢担当讲奉献的宏大产业工人队伍。

为人才发挥作用创造条件、营造环境。充分发挥人才红利,需要创造有利条件、营造良好环境,努力实现人尽其才、才尽其用。当前,我国经济发展已由高速增长阶段转向高质量发展阶段。推动经济高质量发展,必须优化产业结构、转换增长动力,实现发展方式从规模速度型转向质量效率型。当今世界正经历百年未有之大变局,新冠肺炎疫情全球大流行使这个大变局加速变化,世界进入动荡变革期。应对内外部环境的深刻复杂变化,必须把科技自立自强作为国家发展的战略支撑。

无论是转变发展方式还是实现科技自立自强,归根结底都

如何 建设世界重要人才中心和创新高地

要靠人才、靠充分发挥人才的作用。这就要求健全高端人才和创新人才培养、引进、使用机制，注重激发广大科研人员的创造力，特别是要激发科技领军人才、战略科学家、青年科学家等人才群体的创新创造活力。适应人口素质提高、劳动年龄延长、智力劳动占比上升的趋势，大力发展现代服务业和新兴产业，使产业结构和劳动力结构更加匹配，充分发挥各层次劳动力作用。以科技创新为核心，带动其他各领域创新，大力实施创新驱动发展战略，为人才发挥作用创造更大舞台。加强产学研结合，既培养造就更多有用之才，又加快科技成果转化，努力形成人才成长、科技创新、产业发展的良性循环，让我国的人才红利越来越厚实。

抓好后继有人这个根本大计

韩杰才

党的十八大以来,以习近平同志为核心的党中央高度重视人才工作,推动新时代人才工作取得历史性成就、发生历史性变革。2021年9月,习近平总书记在中央人才工作会议上指出:"当前,我国进入了全面建设社会主义现代化国家、向第二个百年奋斗目标进军的新征程,我们比历史上任何时期都更加接近实现中华民族伟大复兴的宏伟目标,也比历史上任何时期都更加渴求人才。"习近平总书记的重要讲话深入分析人才工作面临的新形势新任务新挑战,科学回答了新时代人才工作的一系列重大理论和实践问题,为推动新时代人才强国建设擘画了蓝图、指明了方向。2022年2月召开的中央全面深化改革委员会第二十四次会议强调,要优化人才发展制度环境,打好基础、储备长远,发挥高校特别是"双一流"大学培养基础研究人才主力军作用,既要培养好人才,更要用好人才。中国

如何 建设世界重要人才中心和创新高地

特色社会主义一流大学要主动对标新时代人才强国战略部署，坚持党的领导，立足"两个大局"、心怀"国之大者"，抓好后继有人这个根本大计，坚持走人才自主培养之路，打造国家战略人才力量，积极投身加快建设世界重要人才中心和创新高地的伟大事业中。

深刻把握新时代人才强国战略

一流大学建设要服务新时代人才强国战略实施，就要打破惯性思维、摆脱路径依赖，在战略层面上加强对新时代人才强国战略的全面认知把握，就必须放之于更宏大的历史坐标、更全景的现实维度中加以分析研判，把准新时代人才强国战略实施的历史方位、内在规律和关键核心。

把握人类科技发展重要规律，解决好人才队伍建设的超前布局问题。 科技发展是推动人类社会进步、生活方式转变、世界格局变革和人类文明形态孕育的根本动力。纵观人类文明史，每一次文明中心转移都伴随着物质、信息、能源、交通、生命等五大技术领域共性关键技术的突破，而人才是实现这一突破的动力之源。在农业文明阶段，中国是当时全球顶尖科学家的聚集地和全球原始创新的发源地，张衡、祖冲之、沈括、郭守敬等一批世界顶级科学家，推动铜、铁等物质科技，水车、风车等能源科技，造纸术、印刷术等信息科技，马车、帆船等交通科技和中医等生命科技取得突破性变革，使中国在数学、生物医药、天文物理等方面引领全球，成为人类农业文明的中心。随着文艺复兴、宗教改革运动和启蒙运动在欧洲的爆发，欧洲思想获得巨大解放，自然科学得到快速发展，16世纪的意大利、17世纪的英国、18世纪的法国、19世纪的德国相继产生了一批世界顶级科学家，如哥白尼、伽利略、达·芬奇、牛顿、波义耳、拉格朗日、拉瓦锡、爱因斯坦、普朗克、高斯、黎曼、霍夫曼等，他们推动诞生了《天体运行论》、《人体结构》、天文望远镜等一大批科学名著和科学发明，创立了相对论、量子力学、有机化学、细胞学说等重大科学理论，推动钢铁、塑料、硅等物质科技，蒸汽机、内燃机、电动机等能源动力科技，电话、电报等信息科技，现代医学、生物学等生命科技等取得突破性变革，推动全球完成两轮科技革命，使欧洲成为人类文明新中心。20世纪的美国，集聚了费米、冯·诺依曼等一大批顶尖科学家，产生了贝尔、爱迪生等一大批顶尖发明家，推动人类在计算机、互联网等信息科技，合金材料、新型轻质化材料等物质科技，核能等能源科技，卫星、火箭等空间科技再次实现质的飞跃，使美国抓住第三次科技革命机遇，成为人类信息文明的中心。当前，新一轮科技革命正在兴起，掌握人类科技在五大技术领域的变革规律，对于我们精准研判未来人才布局的发力点至关重要。一流大学要自觉站在党中央参谋助手的高度，勇立新一轮科技革命变革的浪尖，强化目标导向、抢抓发展机遇，把准实施新时代人才强国战略实施的未来制高点，助力我国超前布局一批能够引领人类科技实现突破性变革的战略人才，助力我国建设成为世界重要创新高地。

把握世界百年未有之大变局，解决好人才队伍建设的全球吸纳问题。人才是百年未有之大变局中大国博弈的核心竞争力，也是加

如何 建设世界重要人才中心和创新高地

快建设世界重要人才中心和创新高地的持久动力。当今世界百年未有之大变局加速演进,国际环境错综复杂,世界经济陷入低迷期,全球产业链供应链面临重塑,不稳定性不确定性明显增加。新冠肺炎疫情影响广泛深远,逆全球化、单边主义、保护主义思潮暗流涌动。一方面西方国家的主导力正在不断下降,西方模式不再一枝独秀;另一方面新兴市场国家和发展中国家整体性崛起,中国模式彰显出巨大的生命力和感召力。一流大学要主动把握世界百年未有之大变局的危与机,深刻认识中国道路的生存性贡献、发展性贡献、制度性贡献、文化性贡献、和平性贡献,面向全球努力讲好中国坚持推动构建人类命运共同体的道义优势,讲好中国特色社会主义集中力量办大事的制度优势,讲好中国成为世界第二大经济体、世界第一贸易大国、世界第一大外汇储备国的经济优势,讲好中国是目前全世界唯一拥有联合国产业分类中所有工业门类国家的发展舞台优势,讲好中华民族和平友善、崇贤尚能、兼容并蓄、海纳百川的文化优势,不断拓展服务新时代人才强国战略谋划的全球视野,以更加积极、更加开放、更加有效的人才引进政策,用好全球创新资源,精准引进急需紧缺人才,形成具有国际吸引力和国际竞争力的人才制度体系,以共建人类命运共同体的格局担当和事业舞台,聚天下英才而用之,助力我国建设成为世界重要人才中心。

把握中华民族伟大复兴战略全局,解决好人才队伍建设的接续传承问题。实现中华民族伟大复兴是近代以来中华民族最伟大的梦想。一百年前,一群青年高举马克思主义思想火炬,在风雨如晦的中国苦苦探寻民族复兴的前途。一百年来,在中国共产党的旗帜下,一代代中国青年把青春奋斗融入党和人民事业，成为实现中华民族伟大复兴的先锋力量。党的十九届六中全会通过的《中共中央关于党的百年奋斗重大成就和历史经验的决议》强调，党和人民事业发展需要一代代中国共产党人接续奋斗，必须抓好后继有人这个根本大计。要坚持用习近平新时代中国特色社会主义思想教育人，用党的理想信念凝聚人，用社会主义核心价值观培育人，用中华民族伟大复兴历史使命激励人，培养造就大批堪当时代重任的接班人。可以说，抓好"后继有人"是我们站在实现中华民族伟大复兴的维度实施新时代人才强国战略的关键所在。一流大学要深刻把握"后继有人"这个根本大计的深刻内涵和重大意义，牢牢把握培养德智体美劳全面发展的社会主义建设者和接班人这一根本任务，主动在新时代人才强国战略实施的宏伟蓝图中找准定位、明确责任、担起使命，瞄准习近平总书记在中央人才工作会上提出的"加快建设世界重要人才中心和创新高地"的顶层设计和战略安排，深入贯彻落实中央人才工作会议作出的系列重大战略部署，超前谋划青年学生组织化培育路径，为新时代人才强国战略实施做好战略储备，源源不断培养输送爱国奉献、勇于创新的优秀人才。

全面服务打造国家战略人才力量

习近平总书记在党的十九大报告中指出，要"培养造就一大批具有国际水平的战略科技人才、科技领军人才、青年科技人才和高水平创新团队"，明确了国家战略人才力量的组成；在中央人才工作

如何 建设世界重要人才中心和创新高地

会上提出要"大力培养使用战略科学家"、"有意识地发现和培养更多具有战略科学家潜质的高层次复合型人才,形成战略科学家成长梯队"、"打造大批一流科技领军人才和创新团队"、"造就规模宏大的青年科技人才队伍"、"培养大批卓越工程师",进一步指明了国家战略人才力量的建设重点。中国特色社会主义一流大学要自觉对标,系统研究服务打造国家战略人才力量的方法论。

加强战略引领,推动人才队伍始终心怀"大格局"。战略人才力量是指能够在战略层面上引领和推动中国特色社会主义现代化强国建设的人才力量,是引领和支撑我国高水平科技自立自强的关键力量。战略人才力量作用发挥够不够、指向准不准,"战略"二字是前提关键,是中国特色社会主义一流大学应当着力研究突破的关键命题。纵观世界一流大学发展之路,许多高校都将自身发展同国家和时代的发展紧密相连,在服务国家战略中铸重器、育英才,培养了一批战略人才力量。如二战时期,麻省理工、加州理工、哈佛大学、哥伦比亚大学、加州伯克利大学、约翰·霍普金斯大学和芝加哥大学等顶级大学均参与到曼哈顿计划的实施中,直接或间接地培养出了一大批顶尖科技人才,为后续阿波罗计划的实施奠定了坚实的基础,成为美国引领世界航天科技发展的"尖兵"力量。一流大学应当在人才队伍建设中全面强化对人才的战略引领,通过建强科技创新顶层设计机构,组织动员各方面各领域的战略科学家集中研究、超前谋划服务国家重大战略需求的科研攻关和人才队伍建设总体部署;通过高标准高质量制定"十四五"发展规划和新一轮"双一流"建设方案,将学校人才队伍建设的战略谋划全面转化为具体可行的战略实施路径；通过统筹规划建设大科学工程、国家实验室、国家重点实验室、科学家工作室各类重大平台，为人才队伍服务国家重大战略提供强力支撑；通过强化同国家重点领域、重要行业领军企业的战略协同，支持各方面人才深度参与国家重大项目，在科技创新主战场中获得快速成长；通过建设教师发展成长支持平台，配备人才工作专员等，强化对各学科各领域人才战略实施的全过程引领跟踪保障；通过深度挖掘学校服务国家重大战略的历史传统和文化底蕴，强化人才队伍许党报国的文化自觉，全方位全链条强化对人才的战略引领。

深化体制机制改革，助力人才队伍聚焦下好"大功夫"。习近平总书记在中央人才工作会议上强调，要"深化人才发展体制机制改革"。这就要求我们以改革创新的精神，抓住推进人才发展的主要矛盾，全面聚焦人才成长本身，营造良好人才成长生态环境，以"破""立"并举的体制机制改革红利，充分激发广大人才的积极性、主动性、创造性，凝聚起广大人才干事创业的磅礴动力。对一流大学来讲，就要把握好"赋能"和"减负"的辩证关系。为人才"赋能"，就是要建立起完善的用人主体授权机制，增强用人主体在谋划推进人才发展成长中的话语权，支持用人主体充分发挥在人才培养、引进、使用中的积极作用，建立有效的人才队伍建设自我约束和外部监督机制，使各领域人才成长资源得到更加精准充分的配置。为人才"减负"，就是要遵循人才成长规律和科研规律，进一步破除"官本位"、行政化的传统思维，大力营造信任人才、尊重人才、善待人才、包容人才的文化氛围，赋予人才更大技术路线决定权、更大经费支配权、更大资源调度权，强化科研项目管理改革力度和人才计划优化整合力度，让更多人才能够全身心聚焦学术本身，静心做学问、搞研究，努力把才华和能量充分释放出来，多出成果、出好成果。通过一"赋"一"减"的体制机制改革和资源配置优化，全面强化人才队伍的主体性地位和主观能动性，营造潜心治学、静心治教的良好环境，使学术更好回归学术、使学者更好成为学者、使大师更好聚焦大事，使人才队伍把功夫下到位、下到点子上。

创新评价体系，推动各类人才队伍活力"大迸发"。"得人之要，必广其途以储之。"习近平总书记在2018年两院院士大会上强调，"要创新人才评价机制，建立健全以创新能力、质量、贡献为导向的科技人才评价体系，形成并实施有利于科技人才潜心研究和创新的评价制度"、"要注重个人评价和团队评价相结合，尊重和认可团队所有参与者的实际贡献"、"要通过改革，改变以静态评价结果给人才贴上'永久牌'标签的做法"。在2021年两院院士大会上，习近平总书记再次强调要"加快建立以创新价值、能力、贡献为导向的科技人才评价体系"。在中央人才工作会上，习近平总书记对人才评价体系的论述作了进一步深化，并从基础前沿研究的原创导向、社会公益性研究的需求导向、应用技术开发和成果转化评价的市场导向为我们进一步完善人才评价体系指明了方向。一流大学要深刻把握习近平总书记关于人才评价体系论述的发展变化，着力从人才成长的多元性和人才成长的动态性上优化评价机制。从多元性上来讲，就要坚决破除人才评价唯论文、唯职称、唯学历、唯奖项的顽瘴痼疾，根据各类人才成长的路径特征，探索实行代表作评价制度，着力健全以立德树人成效、学术创新能力、服务国家战略贡献为导向的多元化的人才评价体系，确保"用不同的尺子量不同的人才"。从动态性上来讲，就要针对各类人才特征建立成长成效全过程跟踪监测和动态评估机制，既要通过大数据、信息化手段对人才成长过程数据进行分析研判，实时掌握人才成长健康度，做到不"掀锅盖"便可以对人才成长进行微调整、微引导；又要根据各类人才成长周期规律，适时组织开展全面系统的专门考核评估，把"锅盖"掀准、掀好、掀出成效。

努力走好杰出人才自主培养之路

抓好后继有人这个根本大计，关键在于"继"，核心是"自主培养"。习近平总书记在中央人才工作会上对加强人才自主培养作出了战略性安排，提出"必须增强忧患意识，更加重视人才自主培养，加快建立人才资源竞争优势"，并提出了到2025年"人才自主培养能力不断增强"、到2030年"创新人才自主培养能力显著提升"、到2035年"形成我国在诸多领域人才竞争比较优势"的目标。一流大学要深刻认识立德树人在人才自主培养中的方向性、根本性、战略性意义，将走好杰出人才自主培养之路作为回答好习近平总书记重要嘱托的根本路径，引领一代代青年人心怀民族复兴之梦，坚定报国强国之心，涵养引领未来的创新潜能，历练接续扛旗的过硬本领。

树牢理想信念，厚植矢志复兴之魂。理想指引人生方向，信念决定事业成败。纵观党的百年奋斗史，无数仁人志士为了人民、国家、民族，为了理想信念，无论敌人如何强大、道路如何艰险、挑战如何严峻，他们总是绝不畏惧、绝不退缩，不怕牺牲、百折不挠。我国科技事业取得的历史性成就，关键在于一代代矢志报国的科学家的前赴后继、接续奋斗。从李四光、钱学森、钱三强、邓稼先等一大批老一辈科学家，到孙家栋、陈景润、黄大年等一大批新中国成立后成长起来的杰出科学家，都是爱国科学家的先锋典范。实现中华民族伟大复兴，坚持和发展中国特色社会主义，关键在党，关键在人，归根到底在培养造就一代又一代可靠接班人。广大青年要成为实现中华民族伟大复兴的生力军，肩负起国家和民族的希望。一流大学建设要坚持党的领导，坚持马克思主义指导地位，全面贯彻党的教育方针，坚持社会主义办学方向，抓住历史机遇，紧扣时代脉搏，立足新发展阶段、贯彻新发展理念、服务构建新发展格局，把发展科技第一生产力、培养人才第一资源、增强创新第一动力更好结合起来，更好为改革开放和社会主义现代化建设服务。要以习近平新时代中国特色社会主义思想把舵定向、立心铸魂，坚守为党育人、为国育才初心使命，弘扬以伟大建党精神为源头的中国共产党人精神谱系，全面加强中华优秀传统文化和革命文化、社会主义先进文化教育，抓好党史、新中国史、改革开放史、社会主义发展史教育，深挖红色育人的校训传统，建强"思政课程＋课程思政"的大思政课体系，大力营造校训指向的优良校风教风学风，为广大青年学生"扣好人生第一粒扣子"，引导学生把理想信念建立在对科学理论的理性认同上，建立在对历史规律的正确认识上，建立在对基本国情的准确把握上，把矢志实现中华民族伟大复兴作为一生的价值追求和奋斗目标。

强化"五育并举",培育堪当民族复兴大任的时代新人。德智体美劳全面发展是党中央经过多年总结摸索、不断深化作出的部署安排。随着我国改革发展事业不断向前推进,党中央的育人方针实现了从早期注重德育和智育,到社会主义改造完成后强调"应该使受教育者在德育、智育、体育几方面都得到发展",到 21 世纪初期强调"将德育、智育、体育、美育等有机统一在教育教学活动中",再到全国教育大会提出"培养德智体美劳全面发展的社会主义建设者和接班人",充分展现了我们党把马克思主义基本原理同中国具体实际相结合的生动实践,是马克思主义教育理论中国化的具体表现。从推进中国特色高等教育事业的战略层面看,实现中华民族伟大复兴的前进道路上,仍然存在可以预料和难以预料的各种风险挑战,在统筹驾驭、超前谋划、创新引领、攻坚克难等不同层面、不同维度都对中国特色社会主义事业的继任者们提出了更高的要求、更深的期待,急需广大青年学生在求学期间练就宽阔扎实的知识储备、系统融贯的思维模式、健全完善的人格修养、百折不挠的进取意志,唯德智体美劳全面发展方能塑造。从推进中国特色高等教育事业的战术层面看,推动各方面专门人才实现由"匠"到"家"的提档升级过程,如培养造就具有科学精神、创新能力、批判性思维的自然科学家,善于发现新问题、提出新观点、构建新理论的哲学家、社会科学家、文学艺术家,都是从单一能力素质向复合知识体系转变的过程,非德智体美劳全面发展不能完成。一流大学应当全面强化"五育并举"的顶层设计、资源供给和评价体系,加快形成"五育并举"的成才导向、培养体系和文化氛围，培养一大批真正能够堪当民族复兴大任的时代新人。

强化知行合一，塑造真刀实枪之能。习近平总书记强调："我国拥有世界上规模最大的高等教育体系，有各项事业发展的广阔舞台，完全能够源源不断培养造就大批优秀人才，完全能够培养出大师。我们要有这样的决心、这样的自信！"习近平总书记指出我们能够培养出"大师"的底气和自信，在于有"世界上规模最大的高等教育体系"和"各项事业发展的广阔舞台"，前者集中体现为"知"，后者集中体现为"行"，习近平总书记的论述深刻阐明了知行合一在塑造人才、培养大师中的重要作用。习近平总书记对"知行合一"尤为重视，无论是他治国理政思想中"以'知'促'行'、以'行'促'知'、知行合一"、"牢记空谈误国、实干兴邦的道理，坚持知行合一、真抓实干，做实干家"等重要论述，还是对青年学生"学到的东西不能停留在书本上，不能只装在脑袋里，而应该落实到行动上"、"道不可坐论，德不能空谈。于实处用力，从知行合一上下功夫"的重要嘱托，都为我们如何培养人、锻造人提供了重要的方法启示。一流大学应当自觉站位在党和国家事业全局的高度，将我国各项事业发展的广阔舞台作为推动实践育人的宝贵平台和重要资源，为学生规划设计个性化的全生命周期实践育人路径，搭建基层选调、政务实习、行业实践等平台，支持学生广泛参与到国家重大急需攻关、服务区域振兴发展中，引导学生主动把视线投向国家发展的航程，把汗水洒在艰苦创业的舞台，投身重点行业、扎根基层一线，在祖国最需要的地方建功立业，以知行合一练就真刀实枪之能，早日成为社会主义现代化强国建设的中坚力量。

抓好后继有人这个根本大计,勇担服务新时代人才强国战略使命,中国特色社会主义一流大学生逢其时、责任重大、使命光荣,须充分发扬我们党培养人才、团结人才、引领人才、成就人才的光荣传统,全面贯彻新时代人才工作新理念新战略新举措,全力服务打造国家战略人才力量,坚定不移走好杰出人才自主培养之路,抓好人才队伍建设和立德树人事业,团结凝聚各方面人才为党和人民建功立业。

《红旗文稿》(2022年第5期)

如何 建设世界重要人才中心和创新高地

★ 拓展阅读

合力搭建选才用才大平台

人才是第一资源,干事创业需要聚天下英才而用之。近年来,各地各部门对人才的渴望日趋强烈,纷纷加大人才培养引进力度,着力夯实人才基础、增强人才实力,充分体现了对人才的重视。

随着人才竞争日趋激烈,一些地方和单位过度信奉"拿来主义",一味强调重金引才。这或许可缓一时缺才之急,但难保长久用才之需。任由这一现象发展,还有可能影响人才格局的协调发展。对此,中办国办2019年6月印发了《关于进一步弘扬科学家精神加强作风和学风建设的意见》,其中提到"发达地区不得片面通过高薪酬高待遇竞价抢挖人才"。可以说,此举为一些地方和单位的人才工作提出了警示,有助于营造更加健康的引才、用才环境。

"十年树木,百年树人"。对任何地方和单位来说,都应当遵循人才成长规律,把注意力聚焦到"栽好梧桐树、搭好黄金台"上来。

为人才提供终身学习条件、搭建干事创业平台、破除人才发展约束、营造安心安业环境,从注重"招才"向注重"留才""用才"转变,才能真正做到人才因事业而来、事业因人才而兴。而实现这一目标,需要形成人才工作的合力。

构建人才工作的大格局、大平台,实现从关注人才数量到人才质量的转变,需要把组织部门、职能部门、用人单位等方方面面的积极性充分调动起来。组织部门作为党管人才的重要职能部门,要善于把党的组织优势转化为人才工作优势,注重管宏观、管政策、管协调、管服务,分析人才形势、研究人才政策、服务人才需求、营造人才环境,充分调动各方面推动人才发展的积极性。各职能部门既要积极主动地抓好各自领域、行业系统的人才工作,又要按照党委统一部署,打破部门限制,车马炮各展其长,形成人才治理体系的大棋局。

"人才者,求之者愈出,置之则愈匮"。用人单位是各项人才政策的"落脚点",也是各类人才施展才干、实现价值的主战场。要增强人岗匹配度,好钢用在刀刃上,让专业的人干专业的事,让他们人尽其才、才尽其用、用有所成。对人才要充分信任、放手使用,既要用事业激发其创新勇气和毅力,也要重视必要的物质激励,使他们"名利双收",把人才的积极性主动性创造性最大限度激发出来。

汇聚人才工作的合力,离不开良好的社会氛围。古语有云,"富之、贵之、敬之、誉之,然后国之良士亦将可得而众也"。要加强对人才的引领和吸纳,心贴心、面对面,通过多种渠道,引导各类人

如何 建设世界重要人才中心和创新高地

才坚定"四个自信",在爱国奋斗中贡献自己的智慧和力量。同时,在全社会营造鼓励大胆创新、勇于创新、包容创新的良好氛围,既要重视成功,更要宽容失败,用好人才评价指挥棒,为人才发挥作用、施展才华提供更加广阔的天地。

 一线观察

打造粤港澳大湾区教育和人才高地

当前,新一轮科技革命和产业变革蓄势待发,共建"一带一路"正在向落地生根、持久发展的阶段迈进,为提升粤港澳大湾区国际竞争力、更高水平参与国际合作和竞争拓展了新空间。在新发展理念引领下,我国深入推进供给侧结构性改革,推动经济发展质量变革、效率变革、动力变革,为大湾区转型升级、创新发展注入了新活力。党的十八大以来,全面深化改革取得重大突破,国家治理体系和治理能力现代化水平明显提高,为创新大湾区合作发展体制机制、破解合作发展中的突出问题提供了新契机。

人才是第一资源。当前,粤港澳大湾区的建设发展既面临重大机遇,也面临诸多现实挑战。《粤港澳大湾区发展规划纲要》(以下简称《规划纲要》)强调,规划近期至2022年,远期展望到2035年。其提出的目标和擘画的愿景,都离不开教育和人才的支撑与保障。

《规划纲要》提出"打造教育和人才高地",对教育、人才工作

的部署既有目标任务，也有重大举措，理念先进、重点突出、责任明确，对加快发展粤港澳大湾区教育和人才工作做出顶层设计，充分体现了党中央、国务院对大湾区教育和人才工作的高度重视和殷切期望，对于深入推进大湾区教育发展和人才建设，着力提升教育科技水平，建设人才强国、教育强国，都具有重大的现实意义和深远的历史意义。

深化全方位战略合作，打造世界级教育高地

在推动教育合作发展方面，《规划纲要》提出11条具体措施，主要涉及高等教育、职业教育和基础教育等方面。

在高等教育方面，《规划纲要》主要提出了4条主要措施：支持粤港澳高校合作办学，鼓励联合共建优势学科、实验室和研究中心；充分发挥粤港澳高校联盟的作用，鼓励三地高校探索开展相互承认特定课程学分、实施更灵活的交换生安排、科研成果分享转化等方面的合作交流；支持大湾区建设国际教育示范区，引进世界知名大学和特色学院，推进世界一流大学和一流学科建设；鼓励港澳青年到内地学校就读，对持港澳居民来往内地通行证在内地就读的学生，实行与内地学生相同的交通、旅游门票等优惠政策。

上述措施，从不同角度对推进粤港澳三地教育合作与人才交流做出了制度安排，释放了利好消息。第一条旨在推动三地优势互补，共同加强学科建设、提升研究能力尤其是自主创新能力；第二条着眼于发挥"强强联合"的粤港澳高校联盟作用，发挥"1+1＞2"的共同体效应，通过联盟成员互相认可的制度设计、方式途径，

密切开展实质性的交流合作,使三地高校互利共赢,有能力,更有底气共同面对百年未有之大变局下的一流大学竞争;第三条以大湾区鲜明的教育现代化优势为前提,鼓励吸纳国际优质教育资源、开展面向世界的高水平教育合作,做中国高等教育向世界一流迈进的先行军;第四条直接面向粤港澳青年学生做出安排,旨在通过细化、切实的制度设计,为港澳学生来内地就读提供更加便利的条件和更为周到的待遇,吸引更多港澳青年到内地求学生活。

珠三角地区与港澳在高等教育方面的合作并非始于近日,但多停留在地方政府和民间层面,缺乏国家层面的制度设计。《规划纲要》提出的这些措施,有望大幅提升三地高等教育的合作水平。目前,这四方面的工作有些已经破题,且亮点颇多,值得期待。例如:粤港澳大湾区内深圳等地采取中外合作办学方式,建设了深圳北理莫斯科大学、香港中文大学(深圳)、北京师范大学—香港浸会大学联合国际学院、中山大学中法核工程与技术学院、中山大学—卡内基梅隆大学联合工程学院等一批高水平高校。香港科技大学、香港城市大学等校也于近期分别与广州和惠州政府达成合作,将在当地开设校区。再如,由中山大学率先倡议,并与香港中文大学和澳门大学共同发起的粤港澳高校联盟,自2016年成立以来,已经汇聚了粤港澳三地众多高等院校,开展了"粤港澳高校联盟2018年大学校长高峰论坛"等多样性活动,在深化三地学生交流和科研合作、协同创新,提升区域合作层次和水平,携手打造"粤港澳一小时学术圈"等方面打下了很好的基础。

在职业教育方面,《规划纲要》提出2条措施:推进粤港澳职业教育在招生就业、培养培训、师生交流、技能竞赛等方面的合作，创新内地与港澳合作办学方式，支持各类职业教育实训基地交流合作，共建一批特色职业教育园区；支持澳门建设中葡双语人才培训基地，发挥澳门旅游教育培训和旅游发展经验优势，建设粤港澳大湾区旅游教育培训基地。

在中国经济走向高质量发展、亟须壮大实体经济的情况下，迫切需要发展高水平职业教育，培养数量充足、能力过硬的技术技能人才作为支撑与保障。三地职业教育各有特色、优势突出，加快粤港澳大湾区职业教育合作，有利于实现三地职业教育资源共享、优势互补、协同创新、合作共赢，为粤港澳大湾区建设提供强有力的应用型人才支撑。

在基础教育方面，《规划纲要》提出5条措施：加强基础教育交流合作，鼓励粤港澳三地中小学校结为"姊妹学校"，在广东建设港澳子弟学校或设立港澳儿童班并提供寄宿服务。研究探索三地幼儿园缔结"姊妹园"；研究开放港澳中小学教师、幼儿教师到广东考取教师资格并任教；加强学校建设，扩大学位供给，进一步完善跨区域就业人员随迁子女就学政策，推动实现平等接受学前教育、义务教育和高中阶段教育，确保符合条件的随迁子女顺利在流入地参加高考；研究赋予在珠三角九市工作生活并符合条件的港澳居民子女与内地居民同等接受义务教育和高中阶段教育的权利；支持各级各类教育人才培训交流。

以上5条措施涉及基础教育的办学主体、师资人才、就学条件、考试政策等主要方面，涵盖了学前教育、义务教育、高中教育各个阶段，考虑了粤港澳三地师生、家长等相关群体在生活、学习、工作各个方面所需要的条件与支持，传递出公平公正、互利共赢、开放合作的价值理念，也体现了三地通过协同发展共同提升教育质量的心声。这些措施中，相当一部分已经有了前期行动和很好的基础，应抓紧推进，力求尽快取得实质性成效；有的还处于规划阶段，期待着早日展开探索，画出更加清晰的"时间表"与"路线图"。

培育和引进人才，打造国际人才高地

在《规划纲要》的指引下，基于创新驱动发展战略和经济社会发展需求，粤港澳大湾区要培养具有创新精神与国际视野的创新型综合人才、专业人才和领军人才，以推动创新产业的发展和传统产业的转型升级。粤港澳人才培养合作途径是多渠道的，要进一步细化与落实《规划纲要》中关于"实行更积极、更开放、更有效的人才引进政策，加快建设粤港澳人才合作示范区"的要求，通过粤港澳高校联盟和粤港澳高校创新创业联盟等平台，细化联盟高校的合作项目，特别是创新联合人才培养模式，积极在政策层面予以明确并开展实践探索，努力形成教育共同体，推进国际人才高地建设，为粤港澳大湾区发展提供人才支撑。

关于推动建设粤港澳人才高地，《规划纲要》提出了9条具体措施。这9条措施，在人才培养、人才引进、人才使用、评价激励、人才流动、人才待遇等方面提出了很多切实可行的创新性意见。其中，对于高水平、国际化、创新型人才的需求尤为凸显。"借鉴港澳吸引国际高端人才的经验和做法""开展外籍创新人才创办科技型企

业享受国民待遇试点""拓宽国际人才招揽渠道""完善外籍高层次人才认定标准""完善国际化人才培养模式"……众多举措构成一个完整体系,对于激发人才活力、完善人才管理、优化人才结构、促进人才交流有着很好的支撑保障作用,有望为粤港澳大湾区打造高端现代、能量丰沛的"人才蓄水池"。

此外,《规划纲要》规定,允许香港、澳门符合条件的高校、科研机构申请内地科技项目,并按规定在内地及港澳使用相关资金。科技部、财政部已于2018年发布了《关于鼓励香港特别行政区、澳门特别行政区高等院校和科研机构参与中央财政科技计划(专项、基金等)组织实施的若干规定(试行)》,鼓励科技和人才交往交流。根据《规划纲要》中关于"鼓励其他地区的高校、科研机构和企业参与大湾区科技创新活动"的规定,内地高校可以根据自身实际,抓住机遇,参与到大湾区的科技创新活动中来。

改革开放以来,广东省大胆探索、先行先试,是改革开放的前沿阵地和排头兵。在新的时代背景下,粤港澳地区要以建设大湾区为契机,在中央领导下加强组织领导、注重协调配合、加大投入保障、勇于也善于探索,在新的起点再出发,为新时代新发展新战略提供新经验,创造新奇迹。